我在環島的路上

邊走！邊玩！邊吃！邊畫！

陳貴芳（鱷魚）

圖·文

徒步環島
ㄓㄨㄥ
2021

茹陶

püte

她的工作室
小東西超多，
跟她創作
的風格類
似，小小但是
精緻……

2021·1·4 PM 10:10

路徑上的驚喜

陶藝創作者｜茹陶 Ruta

　　點開社群軟體，看見了鱷魚準備踏上徒步環島旅行的訊息，這讓忙碌的工作日常中多了一份期待：鱷魚在旅程中會發生些什麼驚奇的故事？我總會在餐桌上與家人分享，這位讓人佩服的同學在旅途中的趣事。

　　當旅程來到了苗栗時，家人像是偵探般地推算鱷魚會走哪條路來到新竹，會不會來到我們這……。但工作室位於比較靠山的新竹市香山區，通常人們徒步旅行，會選擇

靠海的路線，這邊並不是最佳的路線，因此我心想可能不會有機會了。

沒想到下午手機響起提醒，是鱷魚要來工作室的訊息！這才知道鱷魚這趟旅程並沒有一定的路線與規則，是以自己舒服的方式隨性選擇行程。家人們滿是興奮，歡迎鱷魚來玩，而我則因能見到好久不見的朋友非常開心。晚上飯桌上我們聚在一起分享著各自不同的旅遊經驗與回憶，並欣賞著鱷魚這幾天旅途中所繪製的作品，媽媽就像是遇到仰慕的偶像一樣，認真聽著鱷魚講解每一張作品所遇到的事物，有些故事聽起來真的很不可思議。

隔天早上我們在工作室，看著鱷魚現場作畫，並開始聊起近年工作與生活的點點滴滴，更新彼此的訊息，雖然現在有手機，分享資訊很方便，但面對面的互動更能感受到那股溫暖與力量。就在聊天時間飛快過去的同時，鱷魚也完成一張一張精美的作品，看得媽媽更加崇拜鱷魚了。

中午用完中餐後，小休息一下開車載鱷魚到新竹火車站，準備繼續她的環島旅程，之後鱷魚不管是到了中壢，還是宜蘭、花蓮，都會傳訊息與我們報平安，與分享路上資訊。

鱷魚每次的旅行總是讓我對她的分享充滿期待。對於已經習慣了上網查詢好旅遊資訊、路線、景點，排滿各種行程再照

計畫進行，讓旅程感覺很豐富的我來說，看著鱷魚的旅行方式，有時會忍不住去思考，是什麼樣的心境會選擇以此方式踏上旅程呢？

也許是自以為已經習慣了這片土地的事物，所以總是排好行程前進已查好資訊的地點，但或許這樣的安排只是在看表面的風景，而失去了我們所不知道的、關於這片土地的微小故事。又或者是因為我內心對於未知事物感到不安，才需要有目的性的規劃，將旅程也畫出一個舒適圈，來掩飾某種內心的害怕與排斥，卻錯失了更多探索世界的機會。有可能轉角會有美麗的景色，或是巷弄內有著奇妙的小店，每一個不同的相遇，都是一種回憶，並構成我們的生命經驗。

每個人旅行的方式與意義本就不同，但選擇會讓我們決定在這條路上遇到怎麼樣的事物。縱然年輕，但若沒有那份勇氣去選擇不同路徑的話，也不會看見那片不同以往的風景。

厚臉皮去
麗琪家參
觀、親眼
見到傳說中
的「祕密工
作室」，還吃
了美味的點心
和中餐，麗琪
最後還陪我走
到淡水!!

2001.1.14. am 11:50

麗琪的畫室。

親和堅強的鱷魚小姐，
也是難能可貴的鱷魚老師

植物水彩畫家｜林麗琪

　　鱷魚是一位認真的實踐者，不管晴雨風寒，一天走十
至三十多公里的路程，以強而有力的雙腳實現想法，由一
顆熱忱、堅持及努力不懈的心完成計畫。獨自走讀台灣各
地的風土民情，以充沛的體力和膽識，一步一腳印堆疊絕
妙的作品。簡約花費卻得到非凡的收穫。

當時酷熱難熬的夏日，和鱷魚及其他朋友一起行走台北大縱走第六段時，我走得氣喘吁吁、揮汗如雨，鱷魚竟可以在休息片刻掌握時機，氣定神閒地拿起畫筆愉悅描繪眼前風景，引起山友圍觀讚嘆。這種隨時錄影記錄，留下值得紀念風景的精神，令人佩服她不屈不撓的實踐力。下山後，鱷魚頭頂像長出天線般精確搜尋，在一處陌生環境中憑藉她的經驗和判斷力，讓大夥品嚐滿意的在地好食。認識鱷魚實在很幸福，她是一位充滿責任感，且值得信賴的好朋友。聽說鱷魚之前在國外自助旅遊，不管路途多麼艱辛疲憊，下榻旅館一定做完功課才休息。即使燈光不足，擁有豐富旅遊經驗的鱷魚，也自備照明設備，秉持作畫好心情。

　　當時是鱷魚小姐出發的第十五天，已經走了兩百五十公里的她行旅至北投，來我家分享精彩的畫寫筆記及沿途風旅軼事。得到超多美食資訊，還讓我學習許多旅遊速寫要領，使我好想立刻成為長途跋涉的旅者，因此，我提議一起從我家走至淡水，跟著鱷魚體驗一小段徒步環島的路程。我選擇了兩週前散步到北投番仔厝的拍鳥路線，只要二十分鐘的路程，即能徜徉廣袤舒暢的田園風光。沿途，黑臉鵐在芒草叢忽隱忽現；牧場裡三三兩兩悠閒的牛隻，八哥停佇在牛角上看起來十分有趣；喜鵲和一群黑領椋鳥在二期稻作收割後的田間嬉戲覓食。本來打算走往關渡自行車道，恰巧馬路施工，我們便像孩子般踏入田埂和鋪滿稻稈的田間，一路前行。聞著稻草和野草芳香愉悅散步，是一段充滿興味的探險經歷。

已經熟稔各種技巧的鱷魚老師總是不斷精進，經常參觀各類的藝術展覽，學習精神令我相當敬佩。吸取養分消化後的成果，總是毫不藏私地與學員分享；每一季盡心安排的戶外教學課程，讓學生深刻認識在地文化風情；除了實際現場速寫，領略豐碩緊湊的旅程安排也讓學員滿載而歸。活潑多元的教學形式，即使是沒有基礎的學生，也能將所見所聞以圖文並茂及多媒材的方式展現。鱷魚是一位不可多得的好老師。

　　打開鱷魚的筆記本，彷彿欣賞萬花筒般，展現出令人驚奇的風貌。這本親切、滿載知性易讀的文字，具有設計感的調皮人物造型，搭配溫馨舒服的色彩，盈溢濃濃的台灣人情味！書中提到許多獨到風味的常民美食、有特色的民宿、青年旅館及旅行中令人莞爾的溫馨小故事。可感受作者的用心鋪陳。如果你也跟我一樣想加入徒步環島的行列，這本《我在環島的路上：邊走！邊玩！邊吃！邊畫！》供讀者追隨作者的腳步深入探訪，希望讀者除了欣羨，還能得到堅毅的勇氣。出發吧！

目次

我在環島的路上

前言

每個人用不同的方式跟孕育自己的土地致敬，鱷魚用雙腳、畫筆和不設限的心來記錄。

2018 年八月，鱷魚踏上西班牙朝聖之旅，徒步三十四天抵達終點時，感動得流下眼淚。回國後很多人問那趟長征的心得，我想告訴大家：「外國的月亮沒有比較圓，台灣是島國，應該把自己的國家走一圈，再踏上其他徒步旅程。」如果可以重新選擇，我會先完成徒步環島，再去西班牙。

西班牙朝聖回國後，我接受了一個節目訪問，主持人問鱷魚下個目標是什麼？當時不加思索回答：「把台灣走一圈！」訪談結束後，兩位攝影師熱烈跟我討論，他們也夢想能徒步環島，那時我才知道，原來想徒步台灣的人一直在。事隔一年半遇到 Covid-19 疫情影響，這幾年出國旅遊應該不容易了，這或許是老天給的時機，於是鱷魚決定徒步環島，畢竟土親人親，飲食和語言都沒有障礙，萬一有問題，包一輛計程車就可以回家，比去西班牙簡單多了！

獨自走台灣一圈是為了看見台灣的美，畫下喜愛的風景，也追尋這片土地上迷人的故事。用步行的，速度才能走得慢，踏得深，留下一步一腳印在我們的島。為了安全起見，我選擇逆向，由台南往北走。不掛上徒步環島的告示牌，是不想引起關注，路人偶爾一句「加油聲」，感覺也

很好，但更想默默執行屬於自己的旅程，一種修行式環島，一種自我的修練，自我感受的堆疊。

一個人走當然有種孤獨感，但人的一生就是一場獨旅，只有「自己」可以陪「自己」走一輩子。

徒步環島也是在找方向，找到屬於自己人生的道路，這段四十五天的旅程就是人生縮時紀錄，與「自己」一起的旅行。除了認識台灣各地的風土民情，也認識居住在這塊土地的人們，還能從旅程中找回真正的自己，重新發現自己，過程中的點點滴滴是養分，會滋養內心的勇氣與堅強，大步邁向前方的自信。

背起包包，勇敢踏出家門，徒步環島夢，永遠不會太晚，因為「我們的島」一直都在。

徒步環島小建議

衣物篇

（日）羊毛排汗衫。
適合冬天運動時穿著。

（夜）排汗衫。
輕薄且易乾，方便。

內衣褲。
穿一套，帶一套，天天洗即可。
×2

羽絨背心。
有點冷又不會太冷時穿。

壓力褲。
長時間走路的好褲，防鐵腿！！

薄登山褲。
冬天不冷，套在壓力褲外。

吸排七分褲。
睡覺穿。

魔術巾。
①圍巾
②頭巾

防潑水羽絨衣。
不能沒有的保暖外套。

GORE-TEX
風羽衣。
防風又防雨的外套。

潔牙組。
要刷牙洗臉，媽媽說，早晚。

肥皂浴巾。

羊毛襪。
×2
穿一雙，睡覺穿另一雙，登山厚毛襪，防起水泡。

雨褲。
冬天總有莫名的雨！！

三角巾
防曬、防寒，還可當手帕使用。

14

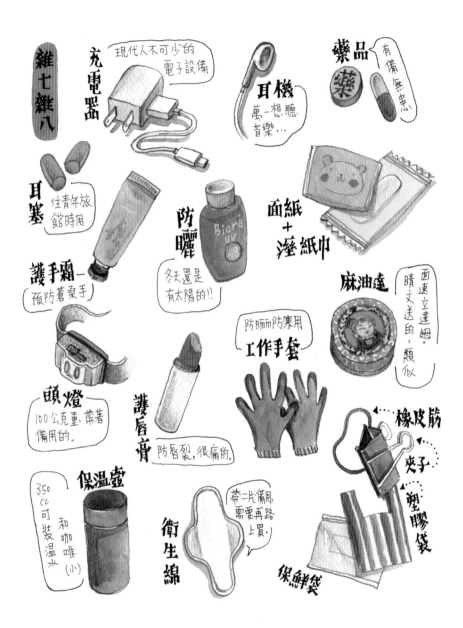

雜七雜八

充電器 現代人不可少的電子設備

耳機 萬一想聽音樂…

藥品 藥 有備無患

耳塞 住青年旅館時用

護手霜 預防蒼桑手

防曬 Biore UV 冬天還是有太陽的!!

面紙+溼紙巾

麻油達 面速立達姆。晴文送的,類似

頭燈 100公克重,帶著備用的。

護唇膏 防唇裂,很痛的.

防曬防寒用 工作手套

橡皮筋

夾子

塑膠袋

保溫壺 850cc可裝溫水(小) 和咖啡

衛生綿 帶一片備用需要再路上買.

保鮮袋

5.5 公斤背包

鱷魚 2018 年九月走完西班牙朝聖，那次的經驗對於打包比較有心得，基本上就是穿一套，帶一套，行李少所以要天天洗衣，冬天則需多帶羽絨外套和背心，外加一件風雨衣和雨褲，還有保溫壺、登山杖和帽子，以及半公斤左右的小雜物就夠了。

對鱷魚來說最重要的還有畫具和畫本。為了這一公斤半的寫生工具，必須割捨很多物品，連登山包都換成電腦包，好減輕重量，精簡到含水只有五公斤半。

1,000 元過一天

鱷魚的預算是一天 1,000 元台幣，含三餐、雜支和住宿。當然每天花費不同，有時超出有時有盈餘。這次四十五天旅程花費約 42,000 元，住宿佔最大支出，有一天住朋友家省一晚住宿，其餘以青年旅館床位為主，才能壓低預算，偶爾需要個人空間會選擇旅館，費用高一點但是住起來舒服。

第一天遇到的徒友欣喻，二十五歲的她花五十七天環島一圈，她選擇搭帳棚為主，偶爾住青旅，整趟旅程花費不到三萬。越舒適當然費用就高，量力而為才能完成自己的環島故事。

狗，無所不在

徒步是跟狗大鬥法！每天持續上演的戲碼。

狗的確是路上最大的驚嚇者，時不時衝出來，還會跟在後頭狂吠，整趟旅程最大的心得是：黑狗顧家，很少不吠我的；會搖尾巴的通常愛吠但是膽子小；中型犬的攻擊性比較強，遇過兩次差點被咬，恰巧都是土黃色；小心工廠門口，因為店家會養看門狗；盯著你不吠不動的是懶得理你，不用跟牠交朋友；越兇的狗要用眼神死盯才能鎮住；狗狂吠且神情兇狠的話，還是繞道安全。要相信忠狗很顧家，咬你只是剛好。

如果被一群狗圍住，要試圖找出狗老大。什麼？狗老大？用問的嗎？鱷魚的弟弟和一位男徒友都有經驗，他們告訴我：「不吠但盯著你看的就是老大，很容易認出來。」屆時要死盯著狗老大，用眼神讓牠知道你不害怕，因為牠是發號施令的頭頭，咬不咬你由牠決定。鎮定通常都沒事，感覺狗群慢慢散開就趕緊離開，但千萬別跑，會引發動物的狩獵本能，被狗群追更危險，一定被咬。

青旅遇見一位愛狗的女孩，她說如果狗貼很近又很兇時，可以手心朝上讓牠聞聞你的味道，牠的攻擊性會減弱些，試過兩次蠻有用的，狗通常用吠聲先警告，很少直接咬上來。

不帶行動電源

為了減輕背包重量，我沒帶行動電源出門，所以每天一定要充好電才放心。有人一定很納悶，一整天開導航很費電，電量怎麼夠用？徒步初期鱷魚也遇到電量不足問題，因為隨身帶著充電器，趁中午吃飯時順便充電，一頓飯也能充 30 到 40% 左右，但如果沒有遇到小攤用餐，根本借不到電源。便利商店除非附設插座給客人，不然幾乎不外借。

後來鱷魚想到一個方法，出門時開省電模式，等距離目的地剩下 5 至 10 公里左右，再將電源調整回正常模式，就還有約 40、50% 電量，足夠使用到入住。大家如果不怕重，就多背一個行動電源，求心安也沒問題。

廁所在哪裡？

沿途很多單位可以借廁所，超商、廟宇、店家、加油站和警察局皆行，不得已只能野外上囉！

一位徒友問：「有些路段根本沒有辦法上廁所，我是男生不怕被看，路旁一站就解決，妳們女生到底去哪裡上廁所？」真感動，終於有一位男士體會女性徒步者最大的煩惱了。

上廁所這件事是鱷魚最大的噩夢，在西半部還好，沿途鄉鎮多，走幾公里還有超商可上，但一到東半部才恐怖，漫漫長路哪來的洗手間，大家都以為躲到樹叢上就行了吧！還真沒那麼簡單，路樹很多但沒有矮樹叢，加上鱷魚穿著壓力褲行走，

壓力褲簡單來說就是很厚很緊的褲襪，脫下很容易，穿上才麻煩，總不能在大馬路上慢慢拉褲襪吧！現在是全民狗仔時代，我不想因為上廁所事件上電視啊！

鱷魚起床後先喝一兩大杯水，通常半小時後才有尿意，上完再出門比較安全。出門吃早餐一定要借用廁所再離開，因為洗手間真的沒有想像中好找。上路後就盡量不喝水了，溫水瓶只有 350 毫升溫水，久久才喝一口補充水分，中餐有機會就喝點湯，通常不超過 200 毫升，抵達住宿處後才開始喝大量的水，補充當日缺少的水分。

遇過三次快崩潰的事件，蘇花公路的死亡 12 公里和台北萬壽路的 8 公里山路，完全沒有地方可躲著上廁所。憋尿憋到快膀胱炎了，看到廁所有如見到救星，用衝的不誇張，形象完全不重要；還有一回突然想拉肚子，查看地圖要 4 公里外才有超商，但拉肚子完全忍不住，找了十分鐘，急忙走入有幾棵樹的小菜圃，旁邊還有幾戶民宅，不管了，被看到都要上啊！

今晚住哪裡？

有人出發前會列出環島計畫書，但只能說計畫趕不上變化，突發狀況比預料得多。例如受傷、颱風來襲、寒流報到、累了想休息或臨時想要去哪裡參觀等等，按照計畫一一訂房很麻煩，不能退就浪費了。

徒友一般分兩種，省預算或體力好的可以背帳篷，但紮營處沒有那麼好找。大家以為學校、活動中心和公園都可以露營

吧?但其實要問過才可以,徒步第一天遇到的欣喻告訴我,她有一晚問了三個地方才找到紮營處,真的不是你想睡哪裡都行的。

觀察露營的徒友一般偏年輕,三十歲上下趁換工作空檔來的人居多,考量經濟問題所以露營省錢;而年過三十五以上的徒友,想來圓夢且預算較充裕,覺得露營太折騰人了,大都選擇住民宿或旅館。沒有年輕的體力就用錢換吧!

台灣也不是每個城市都有旅館或民宿,小鄉鎮完全無住宿點,必須搭車跨縣市睡覺。冬天是淡季,客滿機率低,鱷魚大都前一晚決定走到哪裡,才搜尋當地住所。如遇到週六剛好在觀光城市(例如宜蘭、花蓮之類),記得要先訂房,因為客滿的機率高。其實一定有住的地方,就是預算要提高,要省錢的話當然要好好想一下。

到底要走幾天?

徒步環島沒有天數限制,時間充裕就慢慢走,有日期限制就走快些;一次走完全程或是分五次完成也沒有關係,全程徒步或是區段搭便車也沒問題。畢竟大家的假期不一樣,這不是考試,更不需要跟其他人交代,自己的旅程自己決定就行。

什麼季節適合?

鱷魚因為怕熱,選擇寒假出發,原本計畫元旦一月一日出門,但考量得在除夕夜前回家,便選擇十二月二十七日啟程,

多五天彈性時間。秋冬出門最大好處是走路舒服，會流汗但是身心感到輕鬆那種。唯寒假常卡著「春節」，大家要回家吃團圓飯，徒步計畫就會中斷，對於有些人來說是不完整的紀錄。

夏季行李少但是氣候悶熱，動不動三十六度以上高溫，真不是開玩笑的，徒友必須天亮（五、六點間）出門，走到正午避暑去，下午太陽弱些再啟程，步行到晚上再入住；有些人乾脆走半夜，白天休息。不同季節有應變方式，人人皆不同，找自己適合的季節出發吧！

有變瘦嗎？

有！真的有。但鱷魚沒想要減肥，反而利用徒步環島機會吃四方。鱷魚走西班牙朝聖時瘦了六公斤，那次也不是要減肥，是因為每天消耗超多卡路里，路上賣食物的又不多，莫名其妙瘦很多；在台灣走路更不用擔心，沿途的各鄉鎮美食加上食物合胃口，當然要趁吃吃喝喝都不會胖的機會，努力享用各地小吃。我一路上毫不節制地吃，三餐加上宵夜，回家還是瘦了兩公斤，要減肥的人只要餐餐少量一些，相信瘦三到五公斤絕對沒問題。

拒絕水泡

佳里徒步走到鹽水是 36 公里，腳趾起一個小小水泡，讓我確定自己的徒步極限約 36 公里，之後每天公里數再也不超過這數字。果真一路順遂，再也沒遇過水泡問題。

一個人，安全嗎？

鱷魚有獨旅的經驗，會認路，方向感不錯，加上膽子也算大，所以一個人上路覺得沒問題。台灣的治安在世界上數一數二的好，已經比國外安全太多，一個人出發只要沿途小心其實沒問題。

我因為是冬天徒步，秉持著「朝九晚五」的時間走路，不貪早也不走夜路，天色亮了才出門，日落前盡量趕到住宿點，才不會增加危險發生的機會，為自己找麻煩。一路上專心走路，提醒自己不要跌倒或扭傷，徒步旅行才感到安心也充滿趣味。

小姐！要搭便車嗎？

一定會遇到有人問：「要搭便車嗎？」連鱷魚走逆向車道都遇到不少人詢問，走順向的徒友一定更多。問我搭便車的女士大概佔六成，可能一位女性背著背包在路上走，較容易遇到同性關心。女性詢問約七、八位，男士則是五、六位吧！鱷魚總共搭了五次便車，最短 1 公里，最長 10 公里。小小的路程，深刻體驗台灣人的好心腸，搭便車也是印象深刻的徒步記憶。

我迷路了！

離開熟悉的舒適圈後，才發現台灣好大，大到真的會迷路，導航系統當然就是指點迷津的高僧。有時一整天就走一條路當然沒問題，但是偶爾還是需要左彎右拐才能抵達目的地，

例如住宿點不會都在大馬路上，有時會在莫名其妙的巷弄，所以出發前一定要學會看導航地圖。一位徒友說只要沒有路名的就別走，因為會導到奇怪的路上，真的沒錯，是沒有人煙之處。總之前一晚確認好路況，讓自己平安抵達目的地，不求快而是求安全，這是鱷魚的心得。

媽啊！這裡是哪裡！

走到恍神，沒錯，路上有兩次真的走到恍神，沒意識地一直走，只記得突然清醒，才驚慌地看著陌生的景物，心想這是哪裡？怎麼會走到這裡？雙腳如機器般一直往前移動，但靈魂沒有跟上腳步，不同調的速度成為莫名其妙的「空白」。

兩次都發生在出發一個月後，也許身心感到疲憊，也許南台灣的溫度讓人頭昏，突然想起在池上一位路人問：「妳會不會走到睡著？」恍神醒來後，總會想回覆那位先生：「走到睡著！有可能喔！」

徒步環島沒有固定路線，沒有規定由哪裡啟程，可以由捷運站、公園、學校或是自家門口出發，沿著台灣走一圈回到起點，就是完成徒步旅程。沒有限制要走幾公里，要去哪裡打卡，因為每個人心中的環島地圖不一樣。

目前來說，簡單分成「大環島」和「小環島」兩種：

分類	公里	路線
小環島	915公里	台1+台9
大環島	1,200～1,300公里	台1+台2+台9+台11+台15+台17+台26（加上阿朗壹古道，就是全程海線環島一圈。）
鱷魚的環島	1,180公里	隨興，有些路段搭車，少走了183公里。

如果僅是要走台灣一圈，最不傷腦筋的走法就是小環島，西半部走台1線，東半部走台9線，剛好繞台灣一圈。如果計畫沿海線走大環島，則會在台灣主要的公路留下足跡，體力好的人一天走35到40公里，三十五天左右即可完成徒步台灣。

鱷魚是根據喜好選好城市和鄉鎮，藉由走路去看看不熟悉的地方。這何嘗不是一種浪漫？西半部較不容易遇到徒友，此次路上遇見的徒友共十三人，僅有二位是在西半部碰面，為什麼？因為大部分走路的人都走自己想走的路線，道路網又比較複雜，實在不容易碰到啊。東半部僅有台9(山線)和台11(海線)可以走，所有徒步的人都在這兩條路上，或快或慢一定會碰到，還可以相伴而行。

我，該怎麼走？

　　取決於步行公里數和天數，一般成人時速 3.75 ～ 5.43 公里，長青則是 3.2 ～ 3.9 公里。Google map 統計過數據，亞洲人中以日本人走路最快，平均時數 5.1 公里，台灣則是 4.5 公里。鱷魚的徒步時速約 5 公里，走路算快的，才有時間沿途寫生，不怕耽誤抵達時間。

　　如果天數允許，每天走 20 至 25 公里是最舒服的距離，預計每天要走的距離，推算一下就知道幾天能完成環島。

　　915 公里（小環島）≒ 20 公里（徒步距離）= 46 天（天數）

　　1,300 公里（大環島）≒ 30 公里（徒步距離）= 44 天（天數）

環島標記

　　鱷魚沒有在背包掛上「徒步環島」告示牌，唯一象徵環島的標誌是胸章，出發前三天訂做的十四個數字胸章，每天更換「天數」才記得今天是第幾日。偶爾遇到有人問走幾天了？我得看一下數字，才知道啊！

▎南台灣

▶ ▶ ▶ 台南

Day **1~2**

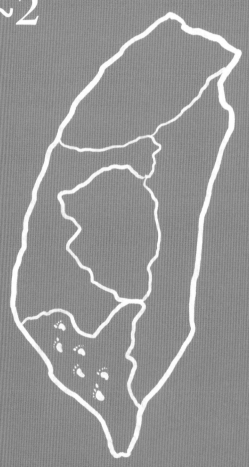

Day 1

12/27（日）

台南 ▶ 七股 ▶ 佳里

已走	住宿	共花
27.5 公里	**0 元**	**217 元**

目視前方，帶著勇氣就上路。

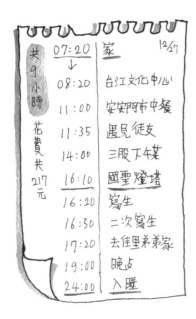

```
共        07:20  家              12/27
9           ↓
小         08:20  台江文化中心
時         11:00  安郎市中發
           11:35  遇見徒友
花         14:00  三股下午茶
費         16:10  國聖燈塔
共         16:20  寫生
217        16:30  二次寫生
元         17:20  去佳里弟家
           19:00  晚点
           24:00  入睡
```

中熱美（ク-11）

共 82 元 7-11轟醬

　　原本計畫八點啟程，但是昨晚看氣象，顯示今日午後有短暫雨，深思後決定提早一個鐘頭出門。結果後來忙著拍張壯士出征照，搞到 07:20 才離開家。首日目標是七股的「國聖燈塔」。出發前兩天才決定，我要趁徒步時拜訪台灣四極點燈塔。

出發5公里，決定休息一下，
發現台江文化中心在附近，
趁歇腳時間順便畫張
寫生，曾在台江分校教過
一期課，總有些感情。

2020.12.27 am 09:15

第一天內心非常熱血且興奮，因為終於踏上徒步台灣的夢
想。

　　和家人朋友聊起徒步計畫時，多位建議鱷魚順時鐘走，而
且走逆向車道比較安全。考慮後，決定和大部分的徒友不同方
向，由台南朝北走。環島本來就沒有一定路線，沒有規定要同
一方向，或是哪裡出發，因為最困難的第一步已經踏出，其餘
將用雙腿走出屬於自己的地圖。最後是怎麼樣的走法，我也很
期待。

住台北的#孩由台南啟程環島,
今天是她徒步57天的最終日,身背
10多公斤的重裝,為節省預算而沿
途露營,曬黑的膚色是榮譽的禮物。

　　可能是逆向的緣故,老覺得路人一直看我,走得有點不好
意思。經過溪底寮大橋(舊名太平橋)和安順橋時停下,以前
上班天天經過,但今日最有時間欣賞。用初訪的心情拍了有河
城市的美照。往安南區途中經過安慶國小,小時候常搬家的原
因,曾經讀過一個學期;晚點又路過海東國小,也曾在這讀過
一學期。四年級那一年唸過兩間國小,今天恰巧都路過。

　　因為沒有行前訓練,加上好久沒有長時間走路,步行 5 公
里決定休息一下,停靠台江文化中心,歇腳外順便畫張寫生。

十一點左右走到最後一家便利商店，吃中餐外也補充水源，因為接下來就沒有超商了。休息半小時後啟程，遇到第一位徒友欣喻。今天是鱷魚徒步的第一天，卻是她的最後一日（第五十七天）。這場相遇很有緣分，在彼此的環島地圖裡留下倩影，我們自拍後閒聊一會，然後揮手道別。

　　國聖大橋是鱷魚第一座要跨越的長橋，長度約 1,500 公尺。站在橋前想了一會：橋上都是車，行人真的可以走嗎？鼓起勇氣逆方向上了橋，機車道上的每個人都盯著我看，一台速度極慢的機車一直朝我騎來，我的天啊！騎士沒看前方而是盯著手機，心想他如果沒有避開我，我必須推開他自保。在撞上前他突然抬頭瞥見鱷魚，急忙轉向另一側！逆向走路的優點在第一天馬上應驗，因為真的能看到危險狀況啊！

　　下橋後導航指引我走入村落，遠離車道進入村落其實正合我意，鱷魚喜歡鄉村更勝於都市。今晚要住佳里的弟弟家，熱愛運動的他今天去雲林跑馬拉松，17:30 後才能到國聖燈塔接我，意謂著我不用太早抵達目的地。一會便走到三股海鮮街，此地的一大特色，就是買完海鮮食材，可以拿到鐵皮屋店家那，請他們代為烹煮。此外有多家賣蚵嗲和炸鮮物的攤位，看時間還可以吃份台式下午茶，入嘴是滿滿的海味，吃得飽飽增加體力啊！

　　14:40 再度啟程，接下來進入魚塭養殖區域。養殖戶一般都會養幾條守門狗，導航有幾次要鱷魚走入私人領域，朋友啊！千萬不要喔！一進入就會遇到狗追人慘劇，盡量走大路比較安全。據說燈塔附近有野狗群聚，幸好遇見的野狗只是盯著我

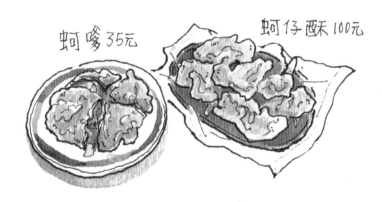

蚵嗲35元　蚵仔酥100元

瞧，沒有吠及追。16:10 終於抵達國聖燈塔，這裡是頂頭額沙洲，屬於台江國家公園的景觀區。西部河川沖積出的砂土，經由海浪的挾帶，慢慢堆積成狹長型的沙洲，有「台灣的撒哈拉沙漠」美名，是網美拍照勝地。

　　努力踩著沙丘才走到燈塔下。鋼骨結構的外觀，實在沒有極西燈塔的氣勢。剛好遇到一位市議員的助理帶兒子來玩，我們幫彼此拍張照，他說議員在爭取經費讓燈塔展現雄風，或許十年後將會不一樣。弟弟感嘆多年前車可以開到燈塔旁，但現在砂土一直堆積，目前燈塔陷入砂堆中，地貌改變非常大。

　　因國聖燈塔太偏僻，鱷魚第一天就搭便車，去佳里的弟弟家住一晚。很幸福有家人提供幫忙，讓徒步計畫更順利。晚上和弟弟一家在客廳聊天。他們養了兩隻貓，害羞的「椪柑」和「柚子」，牠們躲著我不敢現蹤。椪柑觀察鱷魚，一整晚都不敢靠近，直到我關燈休息，牠才趴在沙發旁盯著我，還破天荒地讓我摸了一下頭。第一晚在貓咪的關注下度過。

◆天暗下雨還是要畫。

台灣極西燈塔-國聖燈塔

國聖燈塔位於台江國家公園內，舊燈塔被颱風摧毀，民國五十九年在頂頭額汕重新建造。因海浪侵襲緣故，將基座移至現址，塔高32.7公尺，北有浩瀚荒漠；南是濕地與魚塭，雖是簡易燈塔但是周邊景觀卻最為自然。

我是椪柑，2歲半！

Day 2
12/28 (一)

佳里 ▶ 學甲 ▶ 鹽水

已走	住宿	共花
26 公里	**500 元**	**773 元**

上路，發現不同速度的風景。

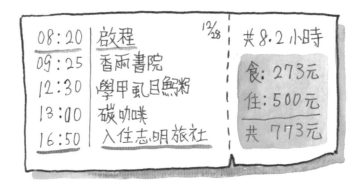

```
08:20  啟程                12/28    共 8.2 小時
09:25  香雨書院
12:30  學甲虱目魚粥                  食：273元
13:00  碳咖啡                       住：500元
16:50  入住志明旅社                  共 773元
```

08:20 啟程，五公斤半的背包不算重，但還沒習慣這樣的重量。快速把背包上肩，勇敢迎接第二天的挑戰。

今天是上班日，弟弟特意送我離開後才去工作，要我帶一顆佳里有名的金葡萄蛋黃酥當點心。鱷魚這次環島沒有準備食物在背包，沿途的鄉鎮美食這麼多，怎麼能錯失一路吃喝又不會胖的爽快，感謝走路可以耗掉不少熱量，滿足鱷魚張嘴吃台灣的願望。

今年帶同學到佳里延平社區參加多次戶外課，沒想到徒步環島還路過。

原來是這樣晒芝麻的!!

　　年底曾帶畫畫班到「下廍」的延平社區見習，認識黑糖、芝麻和有趣的鴿笭文化，沒想到徒步會再經過。這次在廟埕前看到有人在曬芝麻，親眼看到覺得新奇。台灣芝麻一年兩收，大多於秋季種植、八月播種，十二月收成然後綁成束狀曬數天，就可以進場榨成黑麻油。

　　沿路是綠油油的農田，農作物比人多的農村風情，越接近學甲越熱鬧。鹽水最主要作物是玉米，路旁種著大量的玉米田，此外蕃茄產量也是台南最大區。昨天在台 17 的濱海線上行走，七股到將軍一帶大都是魚塭，今天串連漚汪、學甲、鹽水等區，農村景色和昨天差異挺大。

　　弟妹告知我，今天會路過香雨書院。它位處鹽分地帶的農田中，由漚汪人薪傳文化基金會創辦人林金悔先生所興建，典藏北門文學及藝術作品，2012 年香雨書院被捐給台南大學，成為文化氣息滿滿之處。可惜週一休館，鱷魚無緣進入參觀。在外坐下休息畫張寫生，感受人文的片刻。再走一會就到漚汪，進文衡殿上個廁所時發現門神畫像很眼熟，跟廟公閒聊才得知，門神是潘麗水先生的畫作。大師的作品就是藏不住光芒，欣賞好一會才離開。

香雨書院

2020.12.28 · am 10:30 tu

學甲距離台南市區有一小段路，其虱目魚非常有名，因為產地關係食材新鮮，路經可不要錯過。而淏咖啡是朋友介紹的，以往是路過才來喝杯咖啡，今天同樣是經過，但徒步的心情總是帶著驕傲感，覺得今天的咖啡特別香醇。

　　今日最驚險的一段是通過急水溪橋，因為拓寬及橋底抬高工程，道路縮減變窄。中途聽到大貨車將到來的聲音，於是停下腳步讓大車先行，當下車身距離我僅半公尺，風切原因讓鱷魚身體搖晃一下。徒步一定要專心，隨時注意路況，不然危險會伴隨而來。

　　累積兩天的長距離，腳底板有些疼痛。根據西班牙朝聖的經驗，再走三天將會過關。適應步行的節奏之際，痠痛和不適感將降低，前五天是磨練期，挺過後就事事上軌道。

　　快進入鹽水前看到一處城牆，查看資料發現是修建於清道光二十年，臺灣府嘉義縣鹽水港保鹽水港街的民修城池，當時有四座城門，因日據時期失修，僅留下「草店尾（今月津路南段）南端」的西門城牆遺跡。月津（鹽水舊名）是嘉義和府城（台南舊名）邊郊的農產集散地，全盛時期與府城一樣重要。月津港一帶商家林立，自古有「一府、二鹿、三艋舺、四月津」之美名，如今以鹽水蜂炮及月津港燈節聞名，吸引遊客到小鎮旅遊。

金葡萄 佳里隱藏版蛋黃酥,中秋節根本搶不到,弟妹朋友送了一盒,有緣吃到傳說美味.

白花椰15元

虱目魚肚湯+2魚丸
90+15＝105

學甲虱目魚粥
這家和永通都很好吃,因為食材新鮮.

熱美式55元

2020.12.28
PM13:20
士山

學甲距離台南不算近,大都路過才會特意來喝杯咖啡,今天同樣是路經,但徒步的心情總是驕傲些,覺得今天這杯特別香醇!

(好便宜的售價)
熱紅豆豆花25元

沛林豆花。

清安鹽水意麵。
下午才營業的店,士山覺得這家最好吃!!

餛飩湯(5顆)
20元(皮較厚)

鹽水意麵(乾/小)
35元(比較不油)

37

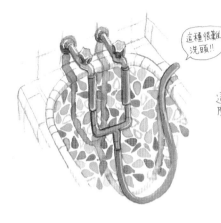

這種很難
洗頭!!

這些懷舊物，除了老旅社和阿嬤家，
應該不容易看見了!

　　鹽水能投宿的地方不多，最後入住民國五十二年開始營業的志明旅社，一家阿嬤家風格的老旅社。除經營住宿服務外，還有資深姊姊團的「八大行業」。鱷魚跟老闆娘小小殺價，以 500 元入住雙人小套房，當一晚的春嬌。洗澡整理後外出覓食，銀鋒冰果室前的清安鹽水意麵是鱷魚覺得鹽水最好吃的意麵，但麵攤人太多，只好先嚐甜食再吃正餐。

　　飯後坐在旅社門口畫「內將（女服務生）」休息的空間，每間約一坪大，能放置的物品並不多。畫到一半，一位濃妝艷抹的姊姊對同伴說：「趕快叫她回房啦！」唉呦！我影響到姊姊們做生意了，識相地趕緊收拾回房去。姊姊啊！抱歉！

志明旅社。

2020.12.28
Pm 10:20

中台灣

▶ ▶ ▶ 嘉義 | 雲林 | 彰化 | 台中 | 苗栗

Day **3~8**

Day 3
12/29 (二)

| 鹽水 | ▶ | 鹿草 | ▶ | 北港 |

已走	住宿	共花
36 公里	**420 元**	**738 元**

過橋跨界，進入另一座城市。

07:25 出發   12/29
08:20 洪水港大橋
10:30 龜塔
11:20 鹿草
13:10 故宮南院
17:40 媽祖大道
18:10 入住 好住

吃：318元
住：420元
共 738元

徒步11小時

　　導航顯示今天有 33 公里遠，因為中途都是小鎮，沒有可住宿的地方，鱷魚只能一口氣拚到北港。因行走距離長，我 07:25 就出發，一小時後走到洪水港堤防。堤防旁邊有兩座休憩涼亭，我帶著超商買的咖啡和早餐店三明治，在涼亭享用早餐。堤防上的風極大，視野居高臨下，可以眺望車輛行駛在洪水港大橋。

　　以前都沒有注意，原來很多縣市的界線都是一條溪，每跨過一條大橋就抵達另一座城市。洪水港大橋下是八掌溪，台南

・堤防上風好大，必需穿上背心才不會太冷!!

和嘉義的邊界。行走第三天才離開故鄉，第一次發現台南很大。

　　繼續跟著導航走，現代人旅行真是方便，有電子設備協助規劃，真佩服以前只有紙本資料的旅人，必須做足功課才能找到目的地。一路沒有休息地快步走，直到 11:20 才抵達鹿草，今天和昨天溫度一樣熱，汗水一直流入眼睛，鹹鹹的有海洋味。因為沒有來過鹿草，所以特意多走一點路前來。昨晚搜到這裡有一家快七十年的「日和製冰」，於是將吃冰當成走到這裡的獎賞，結果冬季不賣冰改賣蚵嗲，還下午才營業，我的媽啊!只好到隔壁的雞肉飯用中餐，順便借插座幫手機充電。

　　導航帶鱷魚走入鄉間路，還穿越故宮南院，沿著兩座人工湖愜意散步，欣賞湖岸好風光。晚上六點抵達北港，我特意走北港觀光大橋進朝天宮。這條跨越北港溪的紅色人行橋，是為連結北港朝天宮和新港水仙宮而建造的。

　　入住廟附近的好住背包客棧，老闆夫妻原本在台北工作，後來歸鄉買下這家曾是豪宅的老屋，花了許多預算裝修成背包客棧，留下老房子的美好讓住客體驗。綠色的主色配上大紅客家花布點綴，濃濃的台灣味，還提供免費洗衣和曬衣場。一樓也有販售美味的包子，方便前來住宿的香客或旅人。因住客不多所以鱷魚住四人背包房，一晚 420 元。

　　鱷魚梳洗後出門覓食，北港的小吃真是值得誇獎，老闆介紹的阿敏蟳羹 17:30 才開始營業，是在地人的銅板美食。民國三十九年成立的老店能歷久不衰，果然用「味」留住了饕客「胃」。老街上有賣傳統點心麻糬和米糕，我買了兩個番薯糕和豌豆糕當餐後點心。

　　走在路上隨時可以寫生，但寫字得靜下心思考，回青旅後便坐在公共區域整理畫稿。九點時，四位妹妹走上來，帶著便當準備用餐，閒聊時得知她們從事古蹟修復工作，來北港工作四天，她們也邀請鱷魚明早參觀她們修復中的「北管集雅軒」。住青旅省錢外，也有機會跟不同領域的人聊天，打開彼此的視野，分享不同的生活經驗。

好住背包客棧

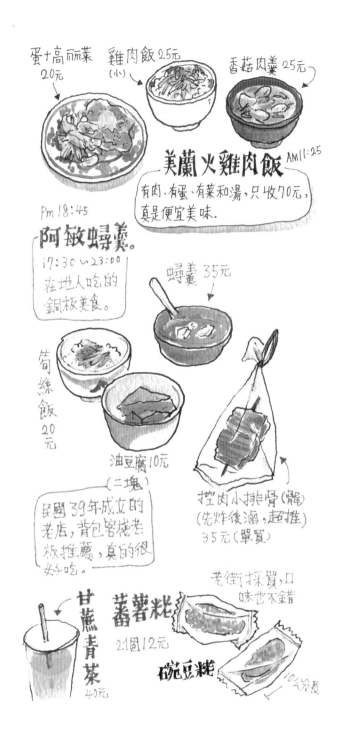

蛋十高麗菜
20元

雞肉飯 25元
(小)

香菇肉羹 25元

美蘭火雞肉飯 AM11:25

有肉、有蛋、有菜和湯，只收70元，
真是便宜美味.

Pm 18:45

阿敏蟳羹。

17:30〜23:00
在地人吃的
銅板美食。

蟳羹 35元

筍絲飯 20元

油豆腐 10元
(二塊)

控肉小排骨(髒)
(先炸後滷，超推)
35元 (單買)

民國39年成立的
老店，背包客棧老
板推薦，真的很
好吃。

老街採買，口
味也不金昔

甘蔗青菜
40元

蕃薯粄
2個12元

碗豆粄
10公分長

44

Day 4
12/30（三）

| 北港 ▶ | 白花墓 ▶ | 西螺 |

已走	住宿	共花
12 公里	**400 元**	**970 元**

寒流，被北風打敗。

```
12/30  08:20  出門找古蹟修護員    11:55  等台西客運7136
       09:30  吃杏仁茶當早餐             西螺↔北港
       10:15  正式徒步           12:19  客運到「白花墓」
       11:05  塑膠片飛來撞腿      13:21  到西螺站
       11:32  差點撞車(風吹的)    13:40  入住
```

・徒步 1小時40分   ・花費 970元

　　昨晚受青旅的妹妹邀約，鱷魚首站先去參觀建於清咸豐三年（西元 1853 年）的集雅軒。這間北管曲館是早年地方人士為參加笨港媽祖遶境而組成，於民國一〇一年成為雲林縣古蹟。

　　四位妹妹來自嘉義民雄的建築彩繪修護團隊名襄文化，專修台灣清末到日治時期的彩繪與民族藝師作品。她們大都是南藝大古物藝術維護所畢業，各有專長的項目，此次到北港來工作，是因明天（12/31）集雅軒將成為北管百年藝陣文化的基地，要舉行古禮的入火安座儀式。覺得她們的工作真是偉大，用擦、用磨、用繪的不同工法、修護老建築的壁畫或字畫。鱷

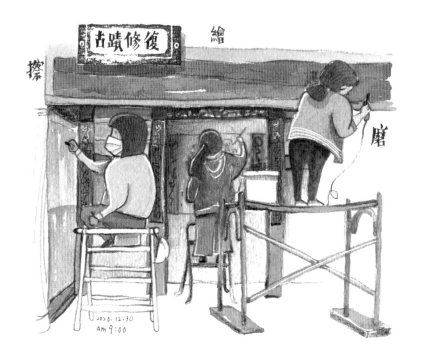

擦

繪

磨

2030.12.30
am 9:00

魚特別愛歷史感的事物，因此站著畫下她們工作模樣，直到工頭覺得我在現場太危險，婉轉請我離開為止。

　　入冬最強寒流在今日來襲，預計急凍三日。路上風超大，風吹得北港發出各種聲音，金屬敲擊、木頭碰撞、東西掉落等音效。台19線太空曠，所以強風吹來時，鱷魚多次呈現定格狀動不了，身體必須前傾，搭配登山杖才有辦法向前。不久，大風颳來一片紅色塑膠物，撞上我的小腿，讓我整個人小驚嚇一番。耳邊傳來鐵板的撞擊聲，真害怕下次是鐵片飛過來。有屋就能幫忙擋強風，但沿途的房屋不多，有次經過一排建築後，瞬間的風切把我吹移快一公尺，幾乎要撞上一台車，我和

生命很重要,小走9公里
後搭車去西螺,阿象
敗給北風!

2020.12.30.am11:25

車主都嚇一大跳。第一次發現自己體重太輕,另類的「弱不經風」。

今天原本計畫走 15 公里到褒忠,起因為 2014 年曾跟白沙屯媽祖到朝天宮進火,當時媽祖婆突然停轎褒忠,數千名香丁正擔憂晚上住所,一位中年太太便走近問:「你們今晚要住我家嗎?」我和朋友及其他十多人,就這樣住入她家。整天徒步的疲憊被這股人情味暖到,所以想再訪褒忠,再度回味那晚的溫度。

可惜還沒走到目的地就遇到強風來襲,驚覺繼續走下去一定會出事,原本招手攔了一位送貨先生想搭便車,但他不前往西螺。後查看路旁站牌,台西客運 7136 再不久就到,趕緊搭上車直達西螺。徒步情操高,但生命價更貴啊!

不到兩點就入住西螺，時間突然增加很多，乾脆去吃美食。中餐吃知名的魷魚羹和豆菜麵，下午茶則在覓境咖啡享用，沒想到賣相普通的布朗尼非常美味。我在店內畫畫，也和老闆娘閒聊。16:30東城北方麵食館開始營業，便整裝出發去吃晚餐，這家是住宿的工作人員推薦，有「西螺鼎泰豐」的美名。因為是現點現做，等了20分鐘才上桌，的確是值得等待的美味，不過消費在西螺算「貴店」，值不值就看個人囉。

西螺老街上有家西螺背包客棧，今天我一人住宿所以400元包棟，這家青旅是複合空間，一樓前方是社區圖書館兼社區大學教室，後方是廚房和共用衛浴。今晚是這波超凍寒流的其中一天，乾冷的天氣加上強風緣故，讓西螺半夜的體感溫度是一度。工作人員安排我睡二樓日式兩人房，撲鼻的稻草味真舒服。櫃子內有多條備用薄毛毯，為應付今晚的寒流鱷魚全拿出來，蓋在身上才夠暖和。

入夜後老街也進入沉睡，商店大都打烊，獨自在一樓寫畫徒步日記到夜深。日式老屋大都是木構建築，這棟快百年的木造房子，整夜被風吹得門板嘎嘎作響，一整晚老覺得有人敲門，醒來很多次啊！太少旅人的住所也蠻可怕的。

西螺背包客棧

33元

每天到超商喝一杯中熱美,是徒步期間唯一的隨身熱飲,除非路上找到咖啡店,不然只能支持超商,財團賺走。

杏仁茶+芝蔴 40元

早餐 **杏仁茶。**
共60元

油條 20元

今日寒流正式登場,所以計劃走15公里到褒忠,這樣的路程太輕鬆了,悠哉的吃了早餐才出門,10:15分啟動腳踏。

豆菜麵 30元

魷魚羹 40元

中餐 **西螺老牌魷魚羹豆菜麵。** 共95.

筒仔米糕 25元

下午茶。
共150元

健談老板娘

巧克力布朗尼 90元 (好吃)

咖啡 60元

晚餐 **東城北方麵食館。**

豬肉捲餅
牛肉捲大餅
綠豆炒鴨餅
手抓餅

2020·12·30 PM5:40

酸辣湯(4)
50元

牛肉捲大餅 130元

料不算豐富,味道可以,這碗賣50元算貴。

現烙的大餅皮夾上牛肉片,不少青蔥增加口感,最驚艷是包入小黃瓜,即清爽又多了脆的咬感,而神來一筆是香菜,使整體加分20分。

西螺 ▶ 溪湖 ▶ 彰化

已走	住宿	共花
23 公里	812 元	1,180 元

好好吃份早餐，揭開每日序幕。

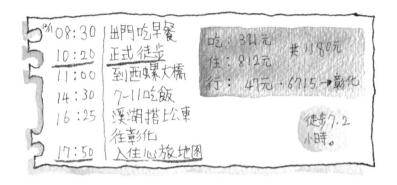

12/31 08:30 出門吃早餐
10:20 正式徒步
11:00 到西螺大橋
14:30 7-11吃飯
16:25 溪湖搭公車
往彰化
17:50 入住心旅地圖

吃：341元
住：812元　共1180元
行：47元‧6715→彰化

徒步7.2
小時。

　　起了大早好穿梭在西螺老街拍照，清早居民還沒有展開生活日常，只有偶爾一台機車經過劃破寧靜。

　　西螺的居民大多以米食為主。這裡的古早味早餐首推九層粿，將西螺米磨成米漿、再層層炊製而成，雖然鱷魚不是很愛粿類食品，但淋上油膏和油蔥酥的西螺黃家九層粿，再加上蒜泥提味，軟嫩口感搭配油蔥香氣，忍不住一口又一口吃完，15元的綜合湯之料也太驚人，有油豆腐、炸豬皮和丸子，只能說西螺的物價太親民了啦！

　　接著到西螺第三代閩式燒餅點了一個鹹燒餅和豆漿，味道都不錯，店內裝潢如飲料店。而且，老闆賣燒餅之外，也很關心地球，因此店內不提供塑膠袋和吸管喔！

九層粿
25元

西螺黄家
九層粿

豆腐＋炸皮＋丸子

綜合湯15元

ゼい一向不太喜欢粿類製品，但黄家用九層粿，淋上油膏及大量油葱酥，再加上蒜泥，軟嫩口感配上油葱香，忍不住一口又一口吃下。

since 1958

西螺第三代燒餅

豆漿12元

卤鹹(甜)燒餅
15元

紙袋

剛剛好，午後吃一碗熱食，量不多，但正好。

永成炕肉飯
50元

炕一字是慢火久煮之意，創立於民國52年，個人對於「炕肉飯」很滿意，滷得入味且Q彈，一向不吃肥肉的ゼい吃得津津有味。

綜合湯
40元

①蝦九 ②肉丸 ③雞卷

永成的丸料有用心製作，每一款都有其鮮味，肉丸尤其讓ゼい喜心。

阿璋肉圓

龍骨髓湯
40元

以豬骨髓加了枸杞做成的蒸蛋湯，很清爽的湯品，骨髓口感很奇妙。

肉圓45元

蠻大一顆，皮很厚還算Q彈，有花生香氣的醬提升整体口感。

西螺大橋。

1952年完工的西螺大橋，在日治時期稱為濁水溪大橋，以華倫式桁架橋設計，是世界第二大橋，僅次於舊金山大橋。

2020.12.31 am 11:45

◆西螺大橋。

　　帶著愉悅的心情和滿足的胃，上路！2019 年跟著白沙屯媽祖走過西螺大橋，橋下是濁水溪，以步行跨過這座近 2 公里的紅色鐵橋。上回沒有時間寫生，這次畫張圖再揮手告別西螺，因為過橋後就抵達雲林。

　　專注於徒步的氛圍，腦中沒有任何想法，延續走西班牙朝聖的步行節奏，一口氣走 10 公里才休息。不是走一個鐘頭休息十分鐘，外國朝聖者通常是背包上肩就走 10 公里，有人甚至是以 15 公里為單位，一口氣走長些，然後停歇久一點，身體才能好好休息。上回學到這樣的方式，這次也採用這種節奏，所以整趟環島沒有發生鐵腿事件。

　　今天的目標是溪湖，因為當地土地非常肥沃，是台灣重要的蔬菜產地和集散市場之一，韭菜花和葡萄是當地特產。另外，溪湖還是全台唯一沒有中正、中山、復興和光復路的鄉鎮，可惜鱷魚為了趕公車，沒時間去見證一下。

　　距離溪湖剩下幾公里路時，我停留超商上個廁所及解決中餐。今天氣溫比昨天更冷，吃碗熱騰騰的煲湯料理暖身一下。其實天氣冷走路最舒服，不流汗是主因，且走路讓身子暖了就不感到冷。

　　走到溪湖客運總站，搭上員林客運前往彰化，坐將近一小時的車到彰化火車站。下車後，步行十多分鐘前往青旅。下午在超商用餐時才決定入住彰化，加上今晚是跨年夜，房價不便宜。房型是男女混房，但只有我一位女性，三層床位的一床收費 812 元，特殊日子的住宿費真是不可愛。以前住青旅都會注意看房型，盡量不住三層的床位。今天證實，住三層的翻身，一層也可以感受到。小管家說第三層也是一位徒步環島的人，但鱷魚一直沒有見到他，很可惜沒有機會聊聊。

　　就算自己一個人也要找人搭訕，隔壁床的先生是旅居台北的宜蘭人，因他帶了長鏡頭單眼而成為我們聊天的話題。原來他是位吃貨，帶相機是要拍美食照。詢問他晚上可以去吃哪攤，他介紹我兩攤美味的控肉飯，讓鱷魚克服吃肥肉的障礙。

　　永成炕肉飯是超過百年的老字號，據說第一代於唐山過台灣時就來了，目前傳承到第四代。好吃到不覺得肥肉油油的。他們用的是當天溫體豬肉的後腿肉，用竹籤把肥肉和瘦肉串在一起，然後進冰箱急速冷凍，這樣可以鎖住肉汁，讓隔天一早

的肉滷起來油油亮亮、成為香味撲鼻的爌肉。

　　來彰化當然要去吃肉圓，一部賣座國片《那些年，我們一起追的女孩》讓創立於民國三十七年的阿璋肉圓成為觀光客必吃的名店，鱷魚也去沾沾名氣。吃飽喝足後回青旅，才聽吃貨先生說肉圓應該吃沒玉字邊的「阿章肉圓」，看來鱷魚還要再來趟彰化，驗證吃貨的建議喔！

心旅地圖青年旅館。

Day 6
1/1 (五)

彰化 ▶ 烏日 ▶ 台中

已走	住宿	共花
19 公里	**623 元**	**1,172 元**

徒步兼訪友，讓行程豐富度破表。

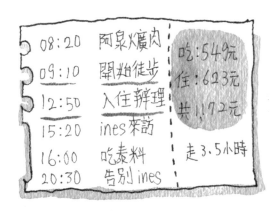

08:20 阿泉爌肉
09:10 開始徒步
12:50 入住辦理
15:20 ines 來訪
16:00 吃泰料
20:30 告別 ines

吃：549元
住：623元
共 1172元

走3.5小時

　　吃貨先生建議我今早去吃八十年歷史的阿泉爌肉飯，七點開賣到中午。第一代挑著扁擔在舊市區沿街叫賣，後來才搬到現址。極少一大早吃如此油光閃閃的早餐，當油亮的肥肉上桌時，超怕吃出一嘴油膩，幸好可以跟店家指定部位，要瘦要肥自己挑。沒想到看似沒入味的外觀，口感卻是Q彈外加軟嫩，和昨晚的文成炕肉在嘴中幾乎化掉的感覺完全不同。可能是因彰化是全國養豬第三大縣，很會做豬肉料理。吃完熱量滿表的爌肉飯後開始趕路，昨晚臨時約台中的友人 Inés 見面，有時

間壓力所以要加速快走，徒步環島兼訪友。

　　徒步環島很難估算何時到哪裡，因為沿途路況都是陌生的，僅能推敲大約時間。昨晚研究步行路線時，決定小走 19 公里到台中，走路半天加上訪友半日，多棒的組合。跨過 803 公尺的大肚橋後進入台中。導航指引的徒步路線都盡量避開車道，今天帶鱷魚走「綠空廊道」。這是因應台中鐵路高架化改建的新景點，將原本的鐵道遺址改造成綠帶公園，以城市規劃串聯火車站周邊景點，藉由綠廊人行空間，打造成超棒的人行與單車道。步行時非常舒服，推薦黃昏來走走這串起過去歷史場景的綠空廊道。

韭菜
燻肉飯(A) 50元
(泉) 燻肉飯
魷魚湯 40元
·泡水魷魚加上韭菜滿搭的.

泰式涼拌海鮮 200元
打拋豬 100元
K.JOY 泰式料理

　　Inés 是學畫畫時認識的同學，當時未婚的她，一轉眼十五年，已成為兩位青少年的母親，時間卻不影響我們的距離。非常感人的是今天元旦，她特地跟老公孩子請假來碰面。鱷魚習慣一到住宿處立刻洗澡洗衣，才來得及明早穿乾淨的服裝，但今晚烘乾機設成冷烘結果衣服完全沒乾。Inés 陪我在青旅邊聊天邊曬衣服，雖然不常見面，老朋友聚會話匣子卻停不了，天南地北地閒聊，關於創作、關於家庭和人生，好像可以一直說下去。可惜時間不夠啊！

　　Inés 陪著鱷魚去吃飯，她聽說東協廣場有好吃的泰國菜，二人到三樓後發現不只一間泰菜小館，最後挑了間明亮又乾淨的店家吃晚餐。鱷魚挺有美食雷達，選的這家果然是網路大推的，食材新鮮料理到位，只恨胃不夠大啊！

　　元旦這天以訪友為主題，舒服自在地迎接牛年的到來。

台中 ▶ 潭子 ▶ 三義

已走	住宿	共花
21 公里	**650 元**	**1,122 元**

邊走邊玩，徒步環島不只有走路這件事。

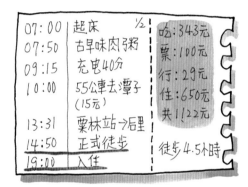

```
07:00  起床          ½
07:50  古早味肉粥       吃：343元
09:15  充電40分        菜：100元
10:00  55公車去潭子     行：29元
       (15元)         住：650元
13:31  粟林站→后里      共1122元
14:50  正式徒步
19:00  入住           徒步4.5小時
```

　　昨晚查到有家「古早味三代肉粥」，清早六點賣到九點，只有早鳥才能享用。因為台南沒有鹹粥配炸物的店，當然要去吃吃。老顧客告訴我，老闆 08:30 就不炸東西了，只剩下攤上現有炸物可選。一口粥一口炸物，吃了滿足感一百分，帶著心滿意足的心情迎接今日的旅程。

　　查看今天會路經摘星山莊這個景點，被一句「建築師公會列為十大民居之首」吸引，就好像看到限量一詞的吸引力，覺得應該停留兩到三小時參觀和畫畫。昨晚充電器掉落，手機電量只剩下 40%，這樣的電量絕對不夠使用，導航、拍照、查

2021. 1. 2 pm 13:15

摘星山莊

建於清同治十年(西元1871)
的民宅,由潭子將軍林其中所
建,藝術價值高。

資料都需要手機,只好在火車站的公共充電座罰站四十分鐘,
充好電後搭公車 55 號直奔摘星山莊。

　　摘星山莊由林其中於清同治十年(西元 1871 年)開始建造,
整體建築的工法細緻。林其中在交趾陶、石雕、木刻及磚雕上
有相當傑出表現。他於 1854 年跟隨霧峰林家的林文察前往中
國,協助平定太平天國和其他戰役。據說林其中有次身陷危
險,是摘星鏢局的老闆王成助為他解圍,此後認其為養父。後
來王成助病重無子嗣,將家產全給了他,於是林其中返台後花
了九年建造摘星山莊養老,也以此取名來感念養父之意。

　　潭子工業區下車後,步行二十分鐘前往潭子古宅。這裡細
節很精緻,整修得也不會過新,門票百元可以抵園區內各類消
費。鱷魚待了兩個半鐘頭好好欣賞,逛完時也中午了,便在園
內吃份復刻挽月樓割稻飯,菜色和口味值得稱讚。偷閒來趙漫

步時光隧道之旅，讓徒步過程中增加人文氣息。

　　參觀完已經 13:40，快走 2.5 公里到栗林車站，搭上區間車到后里，14:50 開始今日走程。今天是爬山日啊！一路緩坡到三義，走到汗流浹背。今天走的公里數不多，但爬的坡超多。邊走邊觀察在地特色，才有機會認識不熟悉的土地，像是原來裕隆汽車和火炎山都在三義。三義交流道開始就是上上下下的坡，今晚民宿位在三義最陡的路上，自三義木雕街一路上升，路況讓我想起 2018 年的西班牙朝聖之路，走不完的上坡和下坡，突然有點懷念。

　　六點到三義後先在金榜麵館吃晚餐，老闆娘告知住所附近沒餐飲店，建議吃完晚餐再入住。辦理登記手續時，遇見一對朋友檔，她們來三義三天，計畫爬附近的山。旅行的方式真多元，鱷魚是徒步環島，她們是登山主題，每個人都有喜愛的旅行方式，聽別人分享不同旅行主題也可開拓眼界。民宿老闆娘很健談，她來自麻豆，她說一定要跟我合照，因為她還沒有遇過一路畫畫的環島者。她還稱讚鱷魚狀況不錯，完全看不出是徒步的旅人，不但沒曬黑，精神也很好，哈哈，鱷魚就是有玩的命啊！

　　三義海拔高些，加上元旦寒流來襲，越夜越寒冷。老闆娘說為了寒流準備的暖爐都沒人用，鱷魚就來當第一位使用者。坐在床邊寫字畫畫挺溫暖的。今晚住四人房，一床 650 元，房間很大，活動空間很舒服。晚些，兩位大學生妹妹入住，她們放完行李就馬上騎機車衝夜市。只能說青春無敵啊！鱷魚還是早點睡，養足精、氣、神面對明日的行程，晚安。

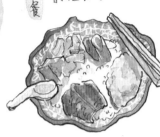

早餐

古早味三代肉粥

中餐 割稻飯 95-25+3=73

燒肉20元

花枝20元

豆腐15元

肉粥(小) 15元 共70元

真美味的早餐,但只限早鳥才能享用,am6:00開賣,9點前完售,8點半以後就不炸配料了,一口粥一口炸物,老顧客大約15分鐘就吃完,帶著心滿意足的心情迎接一日之晨。

摘星山莊。

逛完摘星山莊適逢中午,僅有挽月樓壹餐,看看菜單不貴,入內點了一份「復刻挽月割稻飯-魚」,份量和味道比預期高,

牛肚 60元,稍鹹些,不过齒的绚軟。

金榜麵館 晚餐

住宿點老板要我'吃完晚多再入住,google地圖尋找附近的店家時,看到竟然有一間麵館評價超过了 7.000,不去吃好像不對。正逢假日所以人潮超多,排隊入內有20~30人次,裏頭可以容納200人吧!點多要排隊,幾半小時才上桌,原來這就是賺牛啊!

豆乾20元 -黃-黑切片

牛肉麵 80元 肉多到嚇人,麵是兩人份更味嚇人!!

· 魯菜比麵好吃,整体就是俗又大碗.

苗栗三義正在旅行民宿

我就開了用用!!而買了這台暖爐,老板娘恒元旦寒流

Day 8
1/3 (日)

三義 ▶ 銅鑼 ▶ 苗栗

已走	住宿	共花
25.5 公里	650 元	1,016 元

腳踏山路，一步一步走完。

08:00 出門吃早餐
08:40 目鏡麵食
09:10 阿達ぬ阿貞
09:30 正式徒步
13:00 舊銅鑼車站
15:00 入住
18:30 天涯海餃

吃：366
住：650元
共：1,016元

共走 5 小時 40 分

62

　　民宿老闆娘說金榜麵館是觀光客吃的，她都吃市場裡的目鏡麵食。獲得美食指引當然要去試味道。我一身登山客裝備在市場非常突兀，路上引來不少關注眼神。目鏡麵食真的如老闆娘所說，這是在地人早餐，人潮都沒有斷過。鱷魚點了綜合麵，配料非常豐盛，且清爽不油膩，讓人回味無比。因為三義是客家莊，食客只用客語交談，一直讓人有在國外旅行的錯覺，因為身旁的人都說我不懂的語言。

　　市場外有一家阿達與阿貞麵館，網路評價也不錯。雖然鱷魚不是大胃王，但來到客家莊當然要吃份客家粄條。一早塞了兩碗麵，撐到我晚餐前完全不餓。幸好要走路了，讓我的胃有機會消化。民宿老闆娘昨晚說等我走到竹南才會結束「爬山」的磨練，看來今天還是在山路上走著。

　　認真走 18 公里後，看到地圖上有一處名為「舊銅鑼隧道口」。它位於南勢火車站附近，是 2017 年整修後啟用的新景點，只開放自行車和行人通行。隧道全長 240 公尺，寬 3.8 公尺，啟用時隧道內還有七彩霓虹燈，但現在人潮少得可憐，入口處甚至貼著一張燈光暫停的公告。寫生期間，一位騎單車的先生向我問路。咦，我像當地人嗎？不久，竟看到一台轎車由隧道另一端駛向我這頭，不是禁止汽車通行嗎？滿懷疑惑地離開了隧道。

　　進入苗栗需步行 2 公里才會抵達旅社，創立於民國三十九年的新興大旅社，老闆因靠近車站偶爾有旅人錯過火車而借住，於是興起開一間旅社的念頭。老旅社的設備無法與時俱進，投資更新後也不一定能吸引新一代入住。目前由第三代學

早餐
目鏡麵食

綜合麵 80元

豬肝＋豬肉＋肝連＋粗油麵

目鏡麵食

民宿老板娘推薦的三義人の早餐,市場內的目鏡只營業到11點,客人都是在地人。

早餐
阿達與阿貞麵館

板條Q彈,是三義人吃的早餐,老板娘有點兇。

◀生意超好的早餐店

2021.1.3. am 09:10

一口香餡餅 下午茶 80元
青蔥牛＋蘿蔔絲＋綠豆＋小米粥

單價並不便宜,但真得料好實在,皮薄餡多且多汁,開賣後要排隊的名店。

很韭好菜吃一的顆鮮7蝦元

◀酸辣湯40元(尚可)

個人♡吃
豆干15元

晚餐 天涯海餃 11元
住宿點建議的晚餐,18:30到時四季豆水餃已經完售,沒機會吃到,結果我是最後二位點完餐,店內幾乎全賣光。

舊銅鑼隧道
2021. 1.3 pm13:10

設計的姊妹接手，以家庭模式經營，其他工作人員也是年輕妹妹，上一代的老闆夫妻也穿梭於店內服務。雖然骨子裡是老店，但注入的年輕新血賦予不同的氣象。老舊的鐵窗成為吸睛的元素，台灣特有的棉被花成為符號，展現其獨特性，自成一款的「新文青旅社」。

年輕老闆娘說這季節本來徒步的就不多，所以鱷魚花650元又包了八人背包房。頂樓可以洗衣和曬衣，內部還保有當年

旅社面貌，進出旅社時櫃檯人員都會點頭問好，還會跟客人閒聊。只可惜，第三代特別打造的老空間咖啡店只經營到六點。「人」是這家老旅社的留人處，下回還會再來住宿，回來重溫人情味滿滿的旅社。

◆一個人的徒步，自己幫自己拍照。

◆漂亮的鐵花天井。

北台灣

▶▶▶ 新竹｜桃園｜台北｜新北｜基隆｜宜蘭

Day **9~24**

Day 9
1/4 (一)

苗栗 ▶ 竹南 ▶ 新竹

已走	住宿	共花
16.3 公里	650 元	153 元

敬佩！不老肉咖環島行腳隊。

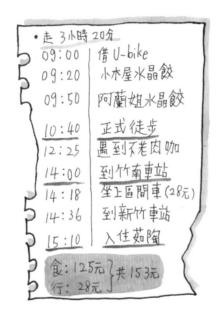

• 走 3 小時 20 分
09:00　借 U-bike
09:20　小木屋水晶餃
09:50　阿蘭姐水晶餃
10:40　正式徒步
12:25　遇到不老肉咖
14:00　到竹南車站
14:18　坐上區間車 (28元)
14:36　到新竹車站
15:10　入住茹陶

食：125元
行：28元　共 153元

　　旅社推薦早餐可以去吃水晶餃，初聽以為是台南點心水晶餃，但原來形狀和吃法完全迥異。客家的食物總是有驚喜感，台灣就這麼大，還是有些食物從沒吃過。因為店家距離旅社有 2 公里遠，且是反方向，鱷魚要到火車站借 U-bike 騎去才可以節省體力徒步，不然來回就要走 4 公里了。

69

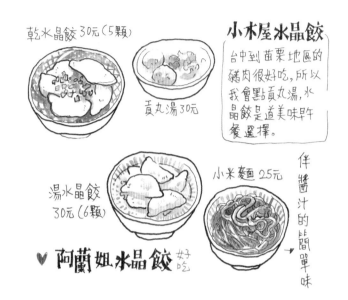

乾水晶餃30元(5顆)

貢丸湯30元

小木屋水晶餃

台中到苗栗地區的豬肉很好吃,所以我會點貢丸湯,水晶餃是道美味的午餐選擇。

湯水晶餃
30元(6顆)

♥ 阿蘭姐水晶餃 好吃

小米麵25元

伴醬汁的簡單味

　　水晶餃是當地傳統早餐,此外炒麵及炒米粉也很受歡迎。客家重油蔥,所以料理上大多是香味四溢的美食。水晶餃皮厚且Q,豬肉沒有腥味,富有嚼勁的外皮搭配鮮美內餡,超出鱷魚預期的好吃。炒麵類的拌醬就是簡單味,大米就是大碗米粉,小米麵就是小碗米粉混油麵,好特別的點法。

　　因為太貪心想吃不同店家的料理,我吃了兩家高評價的店。天啊!水晶餃一顆有普通水餃兩倍大,我總共吃了十一顆,還有麵和湯啊!肚皮快要撐破了,如果不是徒步環島消耗熱量,此趟回去一定胖三公斤。

　　西半部因為徒步的路線很多種,在第一天遇到女徒友後,再也沒見過其他徒友,所以一路上總有自己在走的錯覺。突然眼前出現一群人,模樣和我的裝扮相似,鱷魚便興奮地走過去

打招呼：「你們也在環島嗎？」大姊回：「算是，不過不像妳一次走完台灣，我們是分批慢慢走。」這群「不老肉咖環島行腳隊」的勇士，是一群退休族組成的，只單日火車站環島，由這個火車站步行到下一個車站。他們是上某門課的同學，每週一日的行程讓長者徒步不會過勞，搭火車也可以解決交通問題。背包內背著水和輕食，似小學生戶外教學概念，用接力的方式完成徒步環島夢，真是很棒的追夢方式。

鱷魚研究所同學慧茹，是畢業後尚有聯絡的一位，她在學校專攻陶藝，現在已經成為手創市集的傳奇人物。場場完售的攤位，要夜排才能買到她的作品。她努力幾年終於上軌道，如今有如此好的發展真是替她開心。

自 2015 在日本金澤巧遇後我們許久不見，今天步行到竹南搭火車往新竹，請慧茹到車站接我到她家小住一天。因 Covid-19 疫情緣故，她父母今年結束了自家餐廳生意。茹媽愛「拈花惹草」，花園和菜圃一直維持綠意盎然，慧茹也指導媽媽製作陶器，茹媽做了很多花器種著喜愛的植物，點綴著花園，可愛無比。

一手好廚藝的茹媽自菜園採新鮮蔬果做出美味餐食，她說就隨意做做，但是自菜園到餐桌的料理太迷人，這兩日窩在新竹真幸福！

炭燒紅豆湯。

茹媽下午精心熬製的餐後點心。

新竹（休息日1）

已走	住宿	共花
4 公里	**702 元**	**1,033 元**

休息，讓身心靈紓壓放鬆。

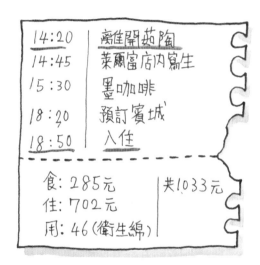

```
14:20   離開苗陶
14:45   萊爾富店內寫生
15:30   墨咖啡
18:20   預訂賓城
18:50   入住

食: 285元        共1033元
住: 702元
用: 46(衛生綿)
```

　　昨晚夜宿陶藝家的小屋，一早起床下樓到她的工作室，攤開明信片開始寫生。一堆可愛的陶偶陪著鱷魚畫畫，安靜且溫馨的早晨。

　　茹媽走進來，問鱷魚要不要喝咖啡。不久慧茹睡眼惺忪下樓，我們兩人一同去餐廳吃中餐，當然又是聊個大半天才吃

從農場到餐桌。只要30分鐘（茹媽名言）

2021. 1. 5. am12:00

▶陶藝家的花園真可愛。

完。而後茹媽問：「要看我的菜園嗎?」我的天啊!這可不是開心農場等級喔!是真的菜園，種植各式蔬果。茹媽笑說：「從農場到餐桌只要三十分，而且保證沒農藥。」熱愛花草的她，連種菜功力都一流。我認識不少綠手指，他們都說自己隨便種種而已，但是種成這樣的等級，是用生命在種好嗎?

中午才離開茹陶工作室，很喜歡她的家人，美麗的庭院和花園，還有茹媽的一手好料理，好黏人的地方啊!

中餐後慧茹載著我和茹媽到新竹車站，因為鱷魚想畫這座美麗的歐風車站，所以麻煩她送我來這裡。天氣有點冷，趕緊躲入萊爾富避寒，買杯咖啡坐在可看見車站的座位，不必吹新竹風就可以完成寫生，實在是太棒了!原本畫完新竹車站就要

徒步，但畫完後精神卻犯睏，需要再一杯咖啡醒神。本想去慧茹介紹的暗室微光，可惜今天店休，於是去了另一家知名的墨咖啡。這間以自家烘焙的咖啡出名，店內裝潢充滿人文書卷氣。我點了杯單品和司康，店內走氣氛微暗風，對畫圖來說有點暗。慵懶地在咖啡店休息躲寒流，邊畫圖邊上訂房網找今晚住宿點，今晚再宿新竹一夜，明天再走吧！

　　今日是耍廢日，徒步環島的第一次休息日，一直走路真的需要安排停頓點，讓身心靈紓壓放鬆。選了近火車站的商務旅館，有私人衛浴，讓人覺得使用上很自在，因住戶少所以升等

要廢新竹
今天完全不想走路,第10天了,
小休一天吧!

新竹車站的外觀,結合巴洛克與德式哥德風
格,充滿洋氣的優雅情調,是台灣最古的現
役車站,於1998年登錄為古蹟。1913(大正2年)
建造的,是新竹驛第四代站體。

(國定古蹟)
新竹車站。

2021.1.5.14:50

標準雙人房,用 booking 訂房收費 702 元,還含自助式早餐,真是太感人的價錢。梳妝台有著明亮的光源,終於能好好寫字整理畫稿,偶爾住套房心情真愉悅。

2021.1.6.am8:30

· 喜歡這間住宿,燈光明亮,適合寫字畫圖,
隔音差些,但是平日住宿的人少並不影響,
升等房型靠大馬路,光線好但車聲大些。

賓城商務旅館。

新竹 ▶ 湖口 ▶ 中壢

已走	住宿	共花
19.8 公里	693 元	1,075 元

徒步，不是天天都有精采故事。

08:15	吃早餐（免費）	17:20	源記
09:30	開始步行	18:10	入住中興
12:10	老皮牛肉麵		
12:50	再出發	食：374元	走
14:00	到湖口	行：33元	4.5
14:38	搭火車到中壢	住：693元	小
15:30	老窩咖啡	共：1100元	時

349
1075

旅館提供簡易自助式早餐，菜色比我預期的豐富，當然要吃飽飽才離開。中午時為了吃碗評價高的老皮牛肉麵，特意繞路進入湖口的新竹科學園區。這是鱷魚第一次來這裡，園區的人行道上畫了電路線圖騰，是象徵科技園區的意思嗎？

◆畫上電路線的竹科人行道。

小菜40元
茄子色澤太美了!

中餐　共150元

老皮牛肉麵 (想包)

免費豆漿、豆花吃到飽,
真是出奇制勝的一招。

香濃豆花 →

蒜味牛肉麵110元
(味道很棒!!)

下午茶 (中壢)

老窩咖啡館.

蘋果派＋小美式 =119元

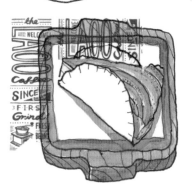

老窩的店名是希望客人在店中有如
在家一樣的自在。店内產品售價
便宜,是主推喝杯咖啡歇息
一下,讓心感受溫度。

2003年成立老窩,有
33間分店。

魚香拌麵80元

超推!!

免費清湯 →

晚餐　## 源記牛肉麵

老皮牛肉麵位於科學園區邊界，店內非常寬敞，動線也很順暢。適逢中午，所以一堆科技人到此用餐，旁邊的客人也都在聊工作上的事情。上菜速度很快，可能販售對象是竹科人吧！牛肉麵味道好但是單價比較高，而豆花和豆漿免費，所以每個人最後都是以一碗豆花作結。12:50 前後，人突然少了一半，可能中午休息時間將結束，店內一瞬間安靜下來。

這兩三天又有一波寒流，且下雨機率很大，決定走到湖口車站搭火車，因為這一帶住宿太貴，下一站的楊梅又沒有住宿處，考慮後還是搭火車到中壢住一晚。徒步環島本來就是個人選擇，鱷魚一開始就沒有打算全程徒步，想用邊走、邊玩、邊畫的態度完成我的環島。

到中壢時還沒三點，但商旅五點後才能入住，於是先到老窩咖啡館休息一會。不餓還是要吃點東西充飢，隨意搜尋附近是否有美食時，發現一間餐廳自咖啡館走過去只要五分鐘。在那點了招牌魚香乾拌麵，是有豆干的榨醬麵，再加入小魚乾和辣味增香，非常涮嘴的一碗麵。很大碗卻全吃光光，是吃一次就愛上的好味道。

中興商旅

今晚又找了一家商旅，櫃檯人員很親切，房間明亮且床又很大，最棒的是可以免費洗衣和烘衣，價格很超值，大廳還有免費咖啡可喝。CP 值超高的中壢商旅，比背包客棧划算。

Day 12
1/7 (四)

中壢 ▶ 桃園

已走	住宿	共花
12.5 公里	450 元	900 元

寒冷，也是徒步的另一道風景。

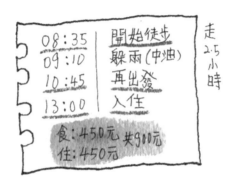

　　寒流加上雨天，完全不想走太久。雨一下大然後停一會又下，難掌控的天氣讓人真煩躁。雨衣穿了脫，脫了又穿，搞不定的上午，幸好中壢往桃園的騎樓蠻暢通，對於行人來說挺友善。發現越往北部走，騎樓越好通行，南部的騎樓常被店家佔用，走一會就得繞路。

躲入中油自營的咖啡店躲雨。面臨電子時代，老商號也必須想對策因應，好跟上時代的腳步。雖然店內商品真的不多，但最讓我大喜的是，女廁竟然用免治馬桶，配備也太感人了。

今天打算走到桃園，隔天再步行 15 公里去新莊找朋友。

抵達桃園才中午。今天很冷，來自南台灣的鱷魚很不耐寒。這次環島考驗真不少，上星期才挺過元旦的體感一度，接

早餐 中油咖啡(大) 35元

唱完成真熱飲後，時間還很早，可以想像背包房一定很冷，必定要再閒晃美個小時，所以躲入M最棒。

黑咖啡55元

用100%雨林聯盟認證豆

麥當勞。

1+1 玉米湯+小薯 35

中餐 瑞元蒸餃。

外觀就是一家普通的麵飯，因為現點現蒸，所以點餐後要等一多分才上桌。真的是名店，蒸餃包得好看，內餡調味超讚，價格又非常親民，離火車站很近。

泰式打拋豬是招牌，但姐想吃麵喝湯！

乾紹子米干65元

晚餐 光復食堂。

貢丸湯30元

今晚到凌晨是這波寒流很冷的時刻，要吃點熱食增加抗寒的能量，背包客樓附近有一家雲貴美食小店，點了紹子麵和貢丸湯，味道還不錯。

鮮蝦蒸餃 8個72元

酸辣湯30元

80

Come True COFFEE
第五號店「桃園77藝文町」

喝紅薏蕎麥茶
145元

2021.1.7
pm 13:30世0`

著又是濕冷型的冷氣團來襲，今晚桃園入夜後預估是兩度。水氣重是凍到骨子裡那種冷，外頭實在太寒了，要一直躲室內取暖。

馬上搜尋哪裡有特色店家。發現桃園77藝文町的前身為日據時期警察局宿舍，是桃園少數保留完整的日式宿舍群。成真咖啡館位在園區內，氣氛非常好，一個偽日本場域，喝杯熱茶暖暖身真好。之後到車站前的瑞元蒸餃用中餐，餐點現包現蒸，價格很公道，味道很合我的胃口!晚餐吃了雲泰美食哨子米干，天越冷越想吃麵食。

今日住車站附近的青年旅館，由舊辦公大樓改造，超大的房間可以睡十二人，一床450元。還好有一位台中妹妹同

住，不然一人睡有點太空曠。鱷魚坐在交誼廳畫日誌。同房的妹妹是五月天歌迷，來參加偶像演唱會，寒流來襲加上空蕩蕩的房間，她說待在裡頭好寂寞，於是坐到我身邊跟我搭話。真的不誇張，她開口閉口都是五月天的事情，眼中都是愛意。五迷都是「真愛」，真的愛五月天啊！

◆寒流加上下雨，這樣的天走路好冷。

Day 13
1/8（五）

桃園 ▶ 新莊 ▶ 台北

已走	住宿	共花
19 公里	268 元	858 元

有河城市，增添城市一種悠閒氣氛。

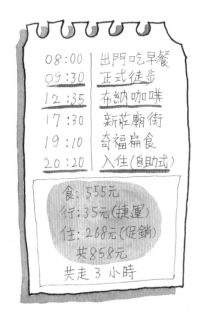

早上去吃一家麵糊蛋餅，小時候的蛋餅都是這種做法，媽媽也常做來當早餐。機器製的蛋餅皮盛行後，還能吃到懷念的古早味真讓人開心。店家生意非常好，為了防疫緣故不能內用，但或許是老闆看我背著背包緣故，破例讓鱷魚坐在店內享用。多年沒有吃到這樣的早點，入口真是感動的滋味。

住宿附近找到的古早味自製
麵糊蛋餅,小時候的蛋餅
大都是老板自調麵糊,煎到
赫(台)口感,
現在除了在
家DIY外,
坊間很少
販售了!!

熱奶茶25元

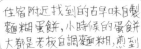

起司蛋餅45元

故鄉味 麵糊蛋餅

超大一份,老板夫妻
很親切,因疫情不開放
內用,但因下雨讓我'店內吃!

布納咖啡

320元

燙青菜(大陸妹)→
35元

鮮肉湯麵扁食65元

民國79年開業的
老店,口味清爽,
中規中矩的味道,
寒冷天氣來一碗很
有「簡單的幸福感」。
店內看來以老客户為主,上桌
速度很快,座位分佈像速食
店感。

奇福扁食

　　昨晚五迷妹妹一直提到五月天要在桃園巨蛋體育場辦演唱會，於是上午路經時特別注意一下。希望妹妹今天活動結束後能順利搭上返家專車。路經成功陸橋時，下方的南崁溪竟然有數十隻白鷺鷥在水中覓食！那畫面讓人驚訝，因為橋上車水馬龍，橋下生態卻非常豐富。有河貫穿的城市不但美麗，也讓自然生態與城市和平共處。這樣的綠意環境讓鱷魚好奇，查一下才得知，這原來有條 15 公里的南崁溪水岸自行車道，一條完美融合自然景致的休閒車道，可近距離欣賞水岸風光，而鱷魚就是路經其中一段。

　　接下來走萬壽路的山路，是有名的「要命路段」之一，沿途彎角多，坡度大、車輛多，路況對徒步者來說不是很好。最可怕的是在錯過幾家有營業的廠房後，鱷魚陷入尿急的窘迫，接下來民宅或工廠都大門緊閉，且路況不允許野放，只能瘋狂行走，離開這段 8 公里的山路。後面看到云辰創世紀大樓，趕緊衝進去借廁所，解決人之不能忍之一的尿意啊！

　　十年前經由朋友介紹，認識了小吵，2011 年鱷魚進行二十九天的台灣火車環島時，當年就是去她家住兩天，後來來台北也會找她聊天。朋友的朋友後來變成自己的朋友，也是奇妙的緣分。

　　「是妳嗎？」戴著口罩的我們，竟然同時抵達餐廳門口，而且都是步行而來。布納咖啡竟然沒什麼人，這家北部才有的連鎖餐廳評價很好，因為寒流，空調大到裡頭比戶外冷，我們最後要穿上外套和披肩才有辦法坐得住。開聊三小時是基本款，接著相約附近散步，沿著新莊廟街夜市走上新月橋，在橋上待

了一小段時間，挑高視野俯瞰大漢溪夜晚的景色。小吵家住捷運幸福站，好棒的名稱，可以跟別人說我住「幸福」喔！

晚上入住大安森林公園附近，一家大樓高樓層的青旅，設計感十足，想不到連房客穿著都很時髦。今晚遇到大促銷只要 258 元，六人上下舖床型。不過因為疫情，工作人員五點就下班，鱷魚到時折騰一番才順利入住。

大安公園旅店

Day 14

1/9(六)

台北（休息日2）

已走	住宿	共花
7.4 公里	350 元	1,190 元

放假的心情，腳步也隨之慢了不少。

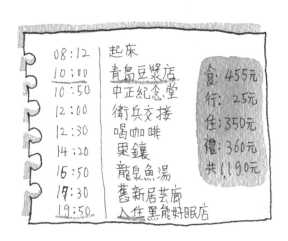

```
08:12    起床
10:00    青島豆漿店        食：455元
10:50    中正紀念堂        行： 25元
12:00    衛兵交接          住：350元
12:30    喝咖啡            禮：360元
14:20    果鑲             共 1,190元
15:50    龍泉魚湯
17:30    舊新居芸廊
19:50    入住黑熊好眠店
```

　　青旅距離大安森林公園不遠，決定走路去那邊吃青島豆漿，吃一碗好喝的鹹豆漿和現烤燒餅。以油桶當烤爐的方式很特別，六個人各司其職做好自己的部分，等待的時間雖然很久，但所謂慢工出美食，美食的滋味在內心湧現感動。

吃飽後跨過馬路去對街的中正紀念堂，當然不能錯過空軍帥哥衛兵交接。台灣三軍儀隊只有五處(國父紀念館、中正紀念堂、臺北國民革命忠烈祠、桃園慈湖和大溪陵寢)可欣賞，難得上北部當然要來看一下。這回特意逛了蔣公的史蹟館，沒有什麼遊客。看展後得知宋美齡女士會畫水墨。此外最喜歡兩幅蔣公象牙微雕，是考驗眼力的藝術品。

2021.1.9
pm13:10

中正紀念堂。

蔣中正是浙江奉化人(1887〜1975)，是中華民國第1〜5任的總統，中正紀念堂就是其紀念建築。由設計圓山飯店的楊卓成先生所設計，風格帶有南京中山陵(國父陵墓)許多元素，1976年動土，1980年3月31日完工。

今日天寒，乾脆走入紀念堂內部參觀，原來有一大半是蔣公「豐功偉業」介紹，認真看展後心得：
①蔣公的毛筆字寫得很好。
②他是基督徒。
③他天天寫日記。
④生活很簡樸。
⑤長得帥。

每日09:00〜17:00整點，四樓有空軍儀隊交接，青青小鮮肉啊！

環島第一天遇見的妹妹，停留台北就約她出來聊聊!!

蔡欣喻
2011.1.9

訪⑤友

訪④友

果鑲
肉鬆蛋卷很好吃，買一盒(360元)送玉蘭。

　　午後約徒步第一天遇到的徒友欣喻喝茶聊近況，才經過兩個星期，她曬黑的皮膚還沒白回來。鱷魚邀她一起去看朋友玉蘭在舊香居藝廊展出的陶藝展。今天正好開幕日，裡頭塞滿人潮，我們根本進不了，於是兩個人乾脆在市場喝碗鮮魚湯，等開幕儀式結束。

　　和久未碰面的玉蘭見面真好，她還是一樣溫柔、笑得開心，臉上帶有純真的表情，明明年紀比我大卻像個小姑娘。快閃式的旋風見面後，我們揮手道別，感覺休息日也好充實喔!

肉餅 30元

燒餅 20元

鹹豆漿加蛋 35元

早餐 青島豆漿店（杭州南路）

青島的早餐值得去吃，用如此麻煩的方式烤餅，真讓人感動，鹹豆漿也很棒！道地的外省做法。

味噌魚麵 90元

白菜滷 30元

好吃雞腿肉 60元

味噌魚粥 90元

晚餐 龍泉深海鮮魚湯 16:00～24:00

位於市場入口的夜間食堂，因用現點現煮的新鮮，所以黑妹坐後要等1099分才能吃到。味噌魚粥上桌後，一口接著一口吃，以鮮魚為主所熬的湯底超鮮，冬夜很暖心啊！

　　晚上住宿一間膠囊背包青旅，十人房一床 350 元。沒住過這款，所以特意來住一晚。設備新穎、環境乾淨，就住宿條件而言非常好，但就是少了青旅應該有的歡樂感，沒有人在交誼廳交換資訊或聊天，大家只是住一晚就離開，安靜到很可怕。

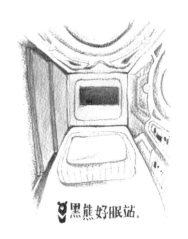

🐻 黑熊好眠站。

Day 15
1/10（日）

台北	▶	北投	▶	淡水

已走	住宿	共花
13.5 公里	**522 元**	**670 元**

無地圖的冒險，一段相當趣味的臨時旅程。

```
08:50  出門搭捷運
09:50  到麗琪家
12:00  吃中餐
15:07  開始步行
17:40  到淡水捷運站
18:10  入住

食：113元    行：35元
住：522元    共：670元
```

　　擅長畫花草的麗琪，近年出版多本關於植物的書籍。她也是朋友的朋友，去年爬淡蘭古道認識的。厚臉皮的我常嚷嚷要去她家作客，想看看她美麗的畫室，因此趁環島抵達時台北順道去拜訪。

　　一早搭捷運去拜訪麗琪，品嚐她老公泡的咖啡，以及她妹妹手作的花生糖和司康，中午也在他們家用餐。最棒的是見到麗琪的畫室和原稿，鱷魚像小粉絲一樣興奮。

午後麗琪問要去走走嗎，她最近發現一條散步新路線很不錯，找我一起去探險。北投有山，所以房子高高低低，她家要穿越不同樓層的鄰居後院才會到大街上，因此光從她家走出去，鱷魚就覺得有冒險儀式感。二十分鐘後，我們已經在田埂路，遇到一堆帶大砲相機的鳥迷。熱愛鳥類的麗琪也從背包拿出專業相機，走進鳥團參一腳。再走一小段路，遇到施工路段，她建議我們直接走入農田區。沿著灌溉水道走一會，以為這樣可以走到關渡自然公園，卻被半乾的小河道隔著，得剪了雜草層層鋪上才能過去。結果前方又有一尺半寬的河，水蠻深的，兩人只能望著水磨坑溪上的橋惋惜，此道不通啊！

　　結束小冒險後，沿著原路返回大度路。麗琪陪我從北投步行到淡水，個子比鱷魚小的她走路速度超快，估計她時速約 5.5 公里。一路上納悶，走路比我快的她找得到散步的夥伴嗎？六點前我們抵達淡水捷運站，依依不捨地告別麗琪，再獨自步上徒步旅程，人生路只有自己能陪伴自己啊！

◆ 1983 年關渡大橋落成時，是當時世界三大鋼橋之一。

免費早餐雖然是簡單的吐司和菜，但讓人感到開心。

A++ 大腸麵線

早餐

晚餐

▶ 綜合羹 65元
(要加香菜啊!)

滷蛋+豆腐 25元

店內乾淨，食物也好吃，比預料的美味。

麗琪老公的炒飯!!

日本手工魚丸+葡萄

滷豆腐(小魚干辣)

麗琪家中餐
好吃喔!!

　　在捷運站尋找哪裡可以住時，有家青旅距離不遠，四人房 522 元，共用衛浴非常乾淨，還免費提供洗衣和烘衣設施。交誼廳非常舒服自在，鱷魚晚餐後就待在大桌上整理書稿。和一位妹妹聊天後才知道，原來青旅都有長租客，例如她在好市多工作，等調職回故鄉台中，已經入住這裡半年。因為淡水租屋要以半年期計算，她也不知道調令何時下來，乾脆入住青旅，省事也省錢。熱情的她根本就是小管家來著，親切地和大家聊天，不知情的真會以為她是工作人員。

而同房的一位女士也很有趣，因家裡裝修而暫住青旅四天。她的房子在三重卻暫住淡水，我問不會太遠嗎？因為她偶爾還要回家看一下狀況，她說朋友幫忙訂的，才幾天沒有關係；而一位資深姊姊說她入住十四天。疫情期間，這個天數很讓人起疑啊！她趕緊解釋，是因為女兒自國外回台要隔離兩週，防疫旅館太貴，她入住青旅而女兒住家裏比較省錢。另外有一位有點特殊的大姊是不定期常客，情緒不太穩定的她整晚走來走去，得知她有時在和家人起衝突後，會被請去住外頭。那時她就會出現在這，小住個幾天。小小一家青旅，有這麼多的故事。原來青旅的服務範圍這麼廣。

台北旅人國際青年旅館。

我是　　　常客

住了半年，懶得搬了…

家人偶爾請我去住外面時，我就來這裏…

小住幾天，家中裝修所以來這裏住…

94

Day 16
1/11（一）

淡水 ▶ 石門 ▶ 金山

已走	住宿	共花
25 公里	831 元	1,325 元

雨中徒步，有種清空思緒的清新。

06:20	起床
06:50	淡水文化阿給
10:00	開始徒步
12:10	公雞咖啡
13:30	開走
15:45	富貴角燈塔
16:30	遇見徒友
17:00	入住
18:20	泡湯

步行7小時
食：399元
住：831元
行：30元

一早就細雨綿綿，青旅借了我一把傘出門吃早餐。而來淡水了當然要吃阿給。我是店內第一位客人。工作人員忙著製作阿給，其中一位還跟我解釋正確吃法。出門超過兩週，累積的畫稿也一疊了。鱷魚出發前有先寄送兩包空白畫紙給朋友，昨天跟麗琪領到新紙張，於是今天就把完成的畫稿寄回家，減輕背包重量。原稿不在身邊後，畫的人物都是憑印象繪製，結果就是越來越母湯，自畫像越來越胖啊！

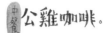

周杰倫套餐 85元

魚丸湯 30元

40元 阿給

15元 包子

中餐 **公雞咖啡。**

美式咖啡 180元

黑森林 120元

早餐 **淡水文化阿給。**

06:30營業的名店，因為晨雨的
緣故，我是店內第一名客人，工
作人員還指導我正確吃法。
一位先把約10x10公分的正
方型豆腐剪開，另一位塞入大
量的冬粉，以魚漿封口，蒸熟
後淋上醬汁。

阿給是日語「油炸豆皮あげ」的音
譯，源於1965年楊鄭錦文女士因不
想浪費食材，所想出的料理方式。

位於三芝淺水灣的知名咖
啡店，如果天氣好時，戶外
是海島渡假風，看海放空
且可直通沙灘戲水。

店內提供輕食、火鍋和
套餐及飲品，限時3小
時，假日加收一成服
務費，今天
星期一
免收。

晚夕 **奶油雞排**
歐姆蛋燴飯
79元(全家)
中壢參加綠色
住宿，贈送一張
100元全家禮卷。

　　雨下得不小，首次穿上雨褲，青旅送我一把超商透明傘遮
雨，真感謝那把傘，不然 25 公里的路一定讓人濕透。手一直
舉高撐傘其實很酸，手指因淋雨而凍紅，隔天還裂開，痛了一
週才好。雖然是一身雨衣和傘的裝備，但悶熱到汗如雨下，名
符其實的裡外都下雨。

　　下午停留網紅名店公雞咖啡，喝杯咖啡、吃個甜點當午
餐，他們正餐售價不斐，實在點不起正餐，沒辦法，要控制預
算，1,000 元要用一天啊！窗外大雨不停歇，店家出動好多臺大
暖爐增溫。聽著雨聲啜飲咖啡，望著玻璃窗的朦朧霧氣，有種

清空思緒的清新，如不是要趕路，真想多坐幾個鐘頭。

　　抵達富貴角燈塔時雨勢小些，天空依舊灰濛濛的，空氣有著潮濕氣味。因疫情和週一休館緣故，我一個人包場富貴角燈塔，人潮少到我都替附近店家擔心。雨加上風讓鱷魚很狼狽，但不諱言，景色真的美麗。循著步道往上走，沿途都能欣賞北海岸風光，富貴角燈塔就在最高處。離開時往老梅海灘方向走，可惜季節不對，無法看到綠藻鋪滿整個海岸溝槽，形成一條條的綠石槽，把海岸染成鮮綠色。每年三月中到五月初是老梅石槽的賞季，今天錯過，下回鱷魚要特地來欣賞。

◆雨中徒步不輕鬆啊！

台灣極北燈塔-富貴角燈塔

富貴角燈塔原名富基角燈塔，塔身原為八角形鐵造，於二次世界大戰毀損，1962年改為八角形混凝土塔身，黑白相間的塔身是方便船隻辨識。是日本在台灣興建的第一座燈塔，由於秋冬季節常出現濃霧，因此附設「霧笛」，大油輪也有防霧相撞設施。

今天下了一整天的雨，非常感謝台北旅人的早班妹妹，拿一把超高透明傘給先山，不然應該溼透，會更加的狼狽。大約是中小雨不停歇，白天溫度13度左右，入夜後金山10度，体感溫6度，溼冷感其實很冷。

雨褲帶了15天，今日終於派上用場，看來行李準備的充足雖然少卻件件實用。

先山一身溼淋淋的進入公雞咖啡，真是可憐極了! 店內放了多台暖爐，雖然諾大的店只有3桌客人，暖爐讓大家不感到冷…

　　在銘德一村的公車站牌等車，一位徒友突然閃過。已經走五十六天的他精神狀況很不錯，背著大背包和帳棚要去燈塔打卡，看來他今晚是打算住這附近了。因為石門無住宿處，鱷魚搭公車863前往金山，選擇性比較高。早上在 Airb&b 訂了一間雅房，一晚831元，採自助入住。沒住過這種自己開鎖的公寓，因此用了好久才順利進入。今天是包房又包棟，一人獨享舒適的客廳。

餐後我帶著換洗用具去金包里公共浴室泡免費裸湯，門口幾位婆媽和叔伯提著籃子，裡頭裝著盥洗用品和衣物，他們是泡湯兼洗澡啊！女湯門口有櫃檯人員看守，不用擔心春光外洩。泡完暖呼呼的好舒服，在飄著小雨和寒流的夜晚，不會感到寒冷。

北海岸的金山溫泉泉質優良，是西元 1939 年日據時期總督興建的溫泉招待所。金山目前有五處免費溫泉公共浴室，分別是金包里、磺港、豐漁、南屏和社寮，因位於大屯山系地熱

帶，造就每間公共浴室有不同特色泉質，路過當然不能錯過，走一整天再泡個溫泉多麼舒服。開放時間：夏季(六月到十月)早晨與傍晚五點至九點；冬季(十一月至隔年五月)上午五點到九點、下午四點到八點。

42.6°C

金包里公共浴室
- 是男女有別的裸湯喔!
- 日據時期就有的設置.
- 泉質:含鐵氯化物泉

第一次試自助入住,結果用密碼打不開,幸好民宿老板打電話教學,終於順利入住。

金山市區B

Day 17

1/12 (二)

| 金山 | ▶ | 野柳 | ▶ | 基隆 |

已走	住宿	共花
25.2 公里	**600 元**	**885 元**

野柳，女王的管轄。

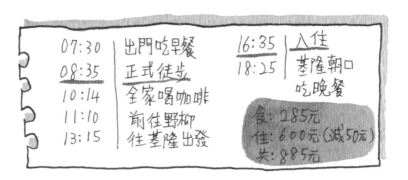

07:30	出門吃早餐
08:35	正式徒步
10:14	全家喝咖啡
11:10	前往野柳
13:15	往基隆出發

16:35	入住
18:25	基隆朝口
	吃晚餐

食：285元
住：600元（減50元）
共：885元

　　深深覺得九點半才起步有點過分，於是決定今日早點出門。七點半出門吃金山包子，味道多款很美味，是排隊名店，邊走邊吃各地美食真的好幸福。北海岸沿途風光迷人，所以有設置單車道。多了單車道代表徒步的範圍變寬，安全性提升。

　　一口氣走 8 公里到野柳，先在野柳漁港邊的超商買杯咖啡暖身一下，這家位置很好，喝咖啡外還可以欣賞港區景色。小

鎮的生活腳步滿是悠閒風。發現萬里很可愛，用了大量的女王頭當圖騰，路標、學校、警察局和隧道口都有，一看就知道這裡屬於「女王」管轄。

徒步環島不要忘了加入觀光行程，否則每天就只剩下走路，錯失到各地拜訪的機會。今天目標是野柳，早早出門是為了慢慢欣賞。上回來是童年時期，隔了幾十年再訪，跟記憶中相去甚遠。以前沒有保護觀念，人人都可以摸到女王頭，如今規劃一條步道，遊客僅能在步道上走動和拍照，園區動線規劃順暢，沿著步道可以看見各種奇岩異石，真是一處適合各個年齡層參訪的風景區。

今日是寒流，加上平日時間旅人不多，微雨的氣候讓遊客不到五十人，更增加滄桑的荒涼感。不久後出太陽，園區四處出大景，攝影人一定很愛這時候的景色，空曠且沒人，完全隨我拍，女王頭要拍多久都沒問題。

美國 CNN 新聞網曾報導過野柳，形容其地質景觀可媲美太空地質，是地球上最像火星的岩石環境。野柳是一千萬年至兩千五百萬年前的厚層砂岩，因造山運動、風化和海蝕等作用所構成，成為地形景觀豐富的風景名勝。著名地標「女王頭」的脖子越來越細，未來有一天可能會消失，因此園方找到繼承人，可愛的頑皮公主成為王位人選，走訪一趟野柳可看到眾多奇岩美石，會讚嘆大自然的鬼斧神工!門票費用才 80 元，超值的地質學校。

離開野柳後沿著海岸步道走，避開車道走入社區後，不久即見到如太空船的建物「翡翠灣太空玲瓏屋」。曾在電視上看過，但親眼目睹還是很驚奇。飛碟型的外觀，加上充滿廢墟感的氛圍，成為祕境打卡熱點真的不意外。抵達基隆會經過許多觀海步道，沿途的風光讓人回味無比，每個轉彎都有驚喜。外木山漁港旁的三支大煙囪(協和火力發電廠)在遠遠那端，鱷魚的目的地就在煙囪後方。今天要到雨都基隆。

野柳地質公園.
門票:80元

頑皮公主

女王頭

金山王肉包

包子尺寸不大，所以可以吃兩顆味道不同的包子。

每種口味是15元，肉餡鮮嫩，偏甜的肉餡 台南人最中意。皮Q肉鮮 價格合理，早上8點到不用排隊就買到。

豆米埂15
葱肉包15
酸菜包15
共：45元

阿華炒麵 什錦咖哩炒麵 80元

什錦料還蠻豐富的，有蝦、肉、貢丸、蛤蜊和肉藏菜，但如果是點咖哩味，把各種食物鮮味都蓋過了！

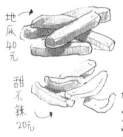

滷肉飯看起來赶油的，吃起來不膩，肉羹給的肉有6、7塊，勾芡不會太濃，二樣配起來剛好，真的很好吃，難怪號稱百年老店。

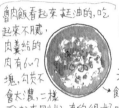

肉羹45元（都是瘦肉）

天一香肉羹順

飯20元

地瓜 40元

甜不辣 20元

永享無骨炸雞

住宿點 轉角的無骨炸雞店，嘴饞買了二樣，沒想到量好多，鐵定吃不完的，基隆廟口附近美食真的太多了！胃太小 嘴太食!!

　　原本要住宿一家老旅社，但港口邊看到一家青旅位於高樓層，便直覺一定有美景。果真，交誼廳可以看到基隆港，太好了!鱷魚住六人混合房 550 元（老闆給 50 元折扣），這家和淡水的青旅都要自己鋪寢具，早上要拆掉才能退房，國外不少青旅也是這樣，可以減少人事處理這個部分。缺點是，如果遇到早起的室友，不論對方多小聲還是會干擾睡眠。

◆翡翠灣太空玲瓏屋。　　　　　　　◆沿著濱海步道走到基隆。

　　晚餐到基隆夜市吃美食，還外帶炸物當宵夜，坐在交誼廳大桌進行畫日記的功課。這間青旅是家族一起經營，晚班的女兒對我說：「第一次看到有人用畫圖取代手機，是幅好畫面。」

輕旅背包客棧。

Day 18

1/13 (三)

基隆 ▶ 瑞芳

已走	住宿	共花
25.5 公里	**350 元**	**752 元**

徒步，是種另類旅行。

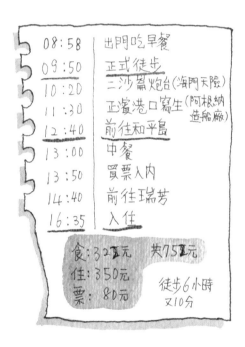

```
08:58   出門吃早餐
09:50   正式徒步
10:20   三沙灣炮台(海門天險)
11:30   正濱港口寫生(阿根納造船廠)
12:40   前往和平島
13:00   中餐
13:50   買票入內
14:40   前往瑞芳
16:35   入住

食:322元    共752元
住:350元
票: 80元     徒步6小時又10分
```

　　從來沒有去過基隆的和平島，今日計畫先去參觀，然後再到瑞芳。鱷魚走路時不一定跟著導航地圖走，會邊走邊看路線上是否有景點或是美食，想增加走台灣一圈的精采度，讓徒步變成另類旅行方式。

　　步行幾公里後，查到國定古蹟二沙灣砲台就在附近。1840年鴉片戰爭時為防範英軍入侵而建的砲台，現貌是1886年由臺灣首任巡撫劉銘傳重建。沿著中船路巷子往上走，循著階梯一階一階登高，兩旁都是民居，住這附近的人跟九份居民一樣，天天要走很長的樓梯上上下下，體力應該很不錯。最高處通往四面佛，自這裡眺望基隆港的視野很美。往下走一小段路，有條「串珠步道」，連接二沙灣及十八羅漢山、聖濟宮，步道不僅不會太長，沿途還有樹蔭遮陽，走起來很舒服。

　　鱷魚走往海門天險參觀，海門天險是標準中國式城門，必須走一段極陡階梯才能抵達。東、北方各有一個砲台守外海及內海，東礮台當時控制港區出入船艦；北礮台的觀景平台視野很好，可以俯瞰基隆外港與部分內港，景色相當秀麗。往下走是中正公園的國民廣場，展示退役的國防武器，而且包含陸海空三個軍種喔！

　　可能因為基隆是雨都的關係，快抵達海洋大學前的人行道都有遮雨罩，讓行人不會淋濕，很便民的設施。走約5公里到了正濱彩色漁港，港邊一排彩色房子妝點漁港的朝氣，讓我想起威尼斯的彩虹島，浪漫美麗又深富度假氣息。因為平日遊客不多，幾家咖啡廳今日都是休息日，但鱷魚還是坐下來畫張寫生，因為畫下沿途的美景也是我的徒步計畫啊！

　　正好遇到星濱山的導覽活動，由一群推廣在地文化、藝術和設計相關的基隆青年組成，鱷魚遇到的是他們定期的導覽，參訪的散客約十多人，下回有機會也想來了解在地的藝術推廣。

再往前走一下，我立刻被大型的廢棄建築吸引。查看地圖，發現是阿根納造船廠，因看到有人進入，鱷魚也學他們翻牆進去參觀。

　　日據時期興建的阿根納造船廠，當時是將礦物運送到日本的裝運處，1966 年租借給有工程師背景的薛國航先生，業務主要和美國遊艇公司配合，代工打造私人豪華遊艇，1987 年結束營業後荒廢至今。廢墟感的鋼筋水泥極具現代頹廢風，2014 年漫威英雄美國隊長克里斯・伊凡（Chris Evans）曾來此拍攝廣告，使阿根納造船廠成為打卡聖地。

　　進和平島參觀時已是兩點，和平島（巴賽語：Tuman）是距離台灣最近的島，此區海岸以海蝕景觀聞名，有豆腐岩、薑狀石、柱狀玄武岩與千疊敷，不輸給野柳的海岸地貌。有些區域曾被列為軍管區，幸好現在已經對外開放，我們才能欣賞。它自 2012 年開始整修，重新開放後，更名為和平島海角樂園，

增設餐廳與咖啡廳，以及兩座引入海水的泳池，並設置溜滑梯、沙池等親子設施，是一處老少咸宜的景點。

沿著海岸步道走著，沿途都可看見基隆嶼，用散步的心情就可以欣賞到自然藝術品，80 元門票非常划算，覺得台灣真美，小小的卻是自然地理教室。最吸引鱷魚的是〈開啟祕境的大門｜阿拉寶灣〉，每年五月一日至九月三十日，每天僅開放三百位的名額，走神祕海灣，近距離欣賞著名的豆腐岩！

告別和平島後，經過海洋大學和八斗子漁港，本想順道去看象鼻岩，但時間有點晚，加上也累了，就作罷。

抵達瑞芳已五點，入住瑞芳青年旅舍，四人房一晚 350 元，今天剛好包房一個人住。梳洗整理後趕快去吃美食，小管家介紹的厚切牛肉麵，肉塊之大真是讓我驚訝，正好餵飽餓壞的鱷魚，而滷味就是寫晚上作業時的點心。

晚點有一位二十五歲的年輕女孩入住。來自彰化的她趁著過年前一人開著麵包車環島賣咖啡，以賣咖啡的盈餘支持環島支出。她拿出蛋糕和水果與我們分享，她說台灣人很熱情，沿途總有人送食物給她，好似擔心她餓著似的。我們一邊聽她說著沿途的心得，也幫忙吃掉食物。聽聽別人的故事彷彿身歷其境，跟著她一起環島賣咖啡。

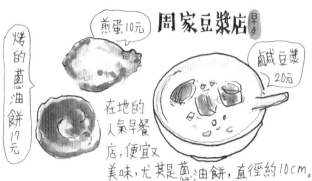

周家豆漿店 早夕

煎蛋10元

烤的蔥油餅17元

鹹鹹豆漿 20元

在地的人氣早餐店，便宜又美味，尤其是蔥油餅，直徑約10cm。

共40元

蘿蔔竹輪豆干

肉焿板條40元

和平島米苔目 中餐

前往和平島公園前，路經一家市場口的麵攤，看到許多在地人吃，停下吃個中餐，才有氣力逛景點，發現在地人都以吃竹輪，且用ちくわ(chikuwa)點，不說竹輪喔!

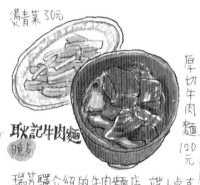

燙青菜30元

厚切牛肉麵120元

耿記牛肉麵 晚夕

瑞芳驛介紹的牛肉麵店，端上桌真有嚇一跳，肉超大塊且多，湯頭也很爽口，值得來。

一味香滷味

豆干 + 甜不辣 + 雞肝 = 45元

Day 19

1/14（四）

瑞芳（休息日 3）

已走	住宿	共花
11 公里	350 元	802 元

徒步進行曲，還是需要穿插一場暫停。

```
08:00 • 吃早餐
09:00   搭856公車       食:377元
10:20   三貂角燈塔      住:350元
11:55   鼻頭角          行:75元
12:45   聽濤           共:802元
15:00   南雅奇石
17:30 • 入住(回青旅)
```

　　小管家昨晚建議，走草嶺古道前往頭城比較近，可以省下5 公里路程。而三貂角就位於少走的路線上。我已經蒐集兩個極點燈塔了，所以意味著我今天必須前往三貂角燈塔，不然四極點燈塔會缺一處。

　　一早去等 856 台灣好行黃金福隆線（瑞芳→馬岡 30 元，買一日票 50 元更划算。）公車，結果看見 856 自眼前駛過。一問路人才知道，候車處是區民廣場，因等錯站，鱷魚直接在瑞芳演出跑四百公尺追公車事件，司機應該是看我窮追不捨才讓我上車。太久沒有狂奔了，心臟喘到快跳出嘴巴，花半小時心律才恢復正常。

一個小時後抵達三貂角燈塔。門口立著標示牌，寫著：「雷達修理，關閉三日。」竟然還能遇到這樣的事！姊不管，我還是要去寫生！和同車的兩位阿姨一起走上燈塔，她們拍完照就到附近蹓躂，鱷魚畫完又跟她們一起搭

黃金福隆線。

因為明天要走草嶺古道到大里，所以會錯過三貂角那段台2線，怕無法收集四極點燈塔，所以今天先搭車去畫燈塔，以免遺憾

車前往鼻頭角燈塔（馬岡→鼻頭角15元）。這是鱷魚第一次來到這裡。原來燈塔是軍管區無法進入，但鼻頭角步道風光景色滿分，沿途景色之遼闊讓鱷魚念念不忘，在聽濤喝杯戰地咖啡更是享受。

黃昏後徒步前往南雅奇石，落日餘暉下有著美麗光影。曾幫東北角畫過一本插畫書，但實地造訪感受還是不同。原本想

三貂角·東 Lighthouse

台灣極東燈塔-三貂角燈塔

三貂角燈塔建造於1931年，是太平洋過往船隻重要的方向指標。塔內設有展覽室，展示台灣燈塔的史料與珍貴圖片。1992年元月起應地方要求正式開放參觀，是最早開放民眾參觀的燈塔。

走回瑞芳青旅，但今日又不是徒步日，還是保留體力，明天再去爬山，搭公車（南雅→瑞芳 30 元）真是輕鬆啊！

　　這兩天住同一家青旅，遇見幾位常租客。熱愛媽祖文化的姊姊在瑞芳工作，因為單身也沒有太多嗜好，青旅的簡單生活對她剛剛好；而一位從事看護工作的男士，穿著時髦，拉著行李箱，愛漂亮的他住在雙溪山區，因為工作偶爾趕不上回程火車，錯過末班車就得搭白牌計程車回家。但因他家偏僻所以司機有時拒載，他乾脆住在青旅，更方便。越來越覺得青旅有好多故事可聽，尤其鱷魚都坐在交誼廳的桌上畫圖，畫畫成為和陌生人搭訕的好理由，不管國內外啊！

鼻頭角步道 今天的午後時光太享受了，步道景色美，還能喝杯「戰地咖啡」，廢車今天來了!!

爆雅Pizza
60元

美式 65元

2021.1.14
pm 13:30

聽濤 Cafe
便宜消費，看海美景!!

早餐
一口酥餅舖。
在地美味早餐店

葱燒餅
15元

鹹豆漿加蛋
30元

小魚鬆餅
15元

午餐
阿春姨
50年古早味老店

綜合海鮮米粉
100元

才4隻小透抽!!

加入芋頭很特別

橘子2顆32元

自助餐買多樣菜吃!!60元

晚餐

Day 20
1/15（五）

瑞芳 ▶ 雙溪 ▶ 福隆

已走	住宿	共花
35 公里	600 元	1,140 元

好與壞，天天上演。

06:45　起床
07:30　出發
09:30　走錯路再出發
13:00　中餐
14:00　喝咖啡
16:00　再出發
17:50　到福隆車站
16:15　入住

食：~~465~~ 540元
住：600元
共：~~1040~~元

走8小時15分

　　導航帶鱷魚走猴硐舊隧道群，沿途景色迷人又沒有車，清早的陽光將人曬得暖暖的，心情大好。直到盡頭處一張寫著「坍方維修禁止通行，施工到二月二十八日。」的公告，才想起去年底台鐵瑞芳站到猴硐站邊坡滑動造成列車停駛。原來坍方還沒維修好，只好哀怨地原路返回。

2021.1.15 pm3.35 于山

　　往回走到蛇子形路口時遇到一隻中型犬，一直朝我吠個不停，最後還直接含住我的左前臂，再笨都知道牠發出最後警告要我離開。鱷魚不怕狗，但怕狗咬啊！一直跟狗說：「我會離開，但你要讓我走啊！」幸好附近鄰居發現，趕緊帶開牠，才順利脫身。

　　可能狗的味道留在我的手臂上，今天一路上的狗吠得很勤，而且是不懷好意的吠聲。少惹狗，不然狗不饒人。

　　繞過一個又一個彎道，經歷幾處爬坡路段後，終於抵達雙溪，正好吃份中餐。附近有一家老店販售的蛋糕很有名，但鱷魚沒法買蛋糕，一個人的胃就是這麼大，太多美食也裝不了，只能買兩個小糕餅嚐嚐。

找附近是否有咖啡店時，找到一家「甂雙溪」書店，剛開幕四天的獨立書店位在雙溪邊郊，店長也是台南女兒，任職金融業，但目前休一年長假，利用長休機會先到長濱的「書粥」當店長。有感這樣的書店對忙碌的現代人來說很需要，且雙溪距離台北只要半小時車程，想提供北部人一個不會太遠的放鬆空間，於是有了甂雙溪。

◆行囊輕才能走得遠。

太祖魷魚羹（等民宿主人來時的20分內，快速去吃一碗熱羹，走太多路好餓啊！）

魯肉素 60元

魷魚羹飯 60元

和尚水蜜桃 45元

丘比特烘焙工坊。 在地人的麵包店首選，去青旅路上第一眼就被這個麵包吸引，第一晚上決定買一個當明天的早餐。今早一吃很喜歡，很久沒吃水蜜桃罐頭，覺得很懷念。

360度鍋貼。 海鮮湯餃湯65元

老板娘現包大水餃，不管韭菜or鮮蝦都料好美味，我吃的那碗是沙茶湯底。

海有明天。

燙小卷湯 150元

超推的在地美食，小卷鮮嫩美味，入口的鮮甜讓人放不下筷子！調味恰恰好，比台南金三益的小卷好吃，老板娘說她的小卷是漁船一早四点多補獲，這時候的小卷因不再進食，肉質更佳。

鱷魚覺得店內氣氛很舒服，於是在裡頭畫畫和聊天直到四點。猛然想起還要步行 10 公里才能到福隆，馬上告別店家後啟動行軍步伐快速行走。距離福隆不到 5 公里時，遇到一位機車女士，她問我要搭便車嗎?鱷魚想想，偶爾接受陌生人的好意也不錯，第一次搭了便車，雖然只有 1 公里，暖度卻是溢出心房。

　　因為封路折返緣故，比預估距離多了 5 公里!最後終於在六點抵達民宿，因為主人還在路上，所以先去福隆街上吃魷魚羹和小菜，入住時才知道民宿一樓有販售美食。受不了海鮮的誘惑點了一碗海味小卷湯。滿滿的小卷鋪滿鍋，一入口是鮮到滿足，老闆娘說她都跟漁船訂購清早四、五點捕獲的小卷，那時間點抓到的最美味。

　　負責民宿的小老闆人很好，雖然我預約的是背包床，但他把雙人雅房讓鱷魚住，只收費 600 元。似家般溫馨的小店。今夜睡了好覺。

海有明天

> 這家住所是因為老板娘美味的料理，以及像媽媽般溫暖的感覺，今天好似來做客，而不是來住一晚的旅人。

Day 21
1/16 (六)

福隆 ▶ 草嶺古道 ▶ 頭城

已走	住宿	共花
31 公里	500 元	855 元

行走山林，高低起伏才能體會自然之美。

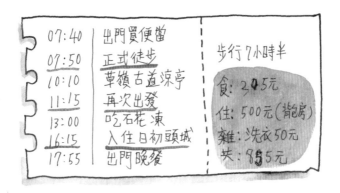

07:40　出門買便當
07:50　正式徒步
10:10　草嶺古道涼亭
11:15　再次出發
13:00　吃石花凍
16:15　入住日初頭城
17:55　出門晚餐

步行7小時半

食：2A5元
住：500元(背包房)
雜：洗衣50元
共：855元

　　穿越草嶺古道可以省 5 公里。如果由貢寮登上草嶺古道更輕鬆，但貢寮沒有便宜住處。雖然徒步到福隆也得走 5 公里，但鱷魚還是決定勤快點走到那裡住一晚。

　　福隆便當最初是給海釣者的便當，現在成為福隆必吃美食。鱷魚走過幾次草嶺古道，每次都背著便當到涼亭享用，這次當然也不放過。清早七點多開始找營業的店家，老闆娘怕冷掉還幫我多用報紙包住。當鱷魚登上涼亭，慢慢打開飯盒準備

享用時，旁邊的山友都用羨慕的眼神看著我的早午餐，那瞬間就是一個「爽」字。

　　草嶺古道屬於淡蘭古道北路一部分，「草嶺」之名是因為山嶺芒草茂盛，秋訪此地會愛上芒草搖曳之美。古道長度約 8.5 公里，途中經過雄鎮蠻煙碑、虎字碑等三級古蹟，最高點的埡口海拔約 354 公尺，有涼亭和平台，是遠望龜山島的好地方。

福隆便當
65元

早期因提供給海釣客，清晨五點就要開始備料，一早看到昇珍開始營業真開心，07:45 順利買到便當。

菜色好豐富，讓人很滿足的登山便當。

啊!! 龜山島吔!

草嶺古道 埡口

穿越草嶺古道的時間，由貢寮走更省的時間，可省1.5小時
Time。

◆跟虎字碑合照一張。

測試發現走古道可以省一個半小時。不過路況屬於爬山健行，還是需要一點體力才可以。下山後還要走台2線的17公里路前往頭城。鱷魚走到蘭陽博物館時開始飄雨，必須穿上雨衣才行。台南到宜蘭是對角線關係，因此前往拜訪宜蘭的機會非常少，印象每次來宜蘭都遇到下雨。據官方統計，近十年最常下雨的地方是宜蘭蘇澳，蘇花公路的起點，三天中有兩天下雨，年平均雨天高達兩百一十六天，降雨已經超越基隆的兩百天，穩坐全台雨都寶座。

今晚的青旅格局非常不一樣，記者退休的老闆以漂流木和布簾當隔間，和一般青旅的上下舖床型不同，難怪老闆要我看過後再決定是否入住。一晚500元，屋頂有洗衣和曬衣設備，借用洗衣機單次50元。

晚餐去吃老闆推薦的羊肉湯和冰品，餐廳距離住處超過1公里，鱷魚冒著冷冽和雨天撐著傘前往，突然覺得我是愛吃鬼，為了美食可以來回多走3公里路。

老闆熱愛健行登山，整晚都在建議我可以走哪些古道，但是他忘了我是徒步環島嗎？不是古道行啊！

當歸羊肉湯75元

魯肉飯35元

ざム「點」
①芋頭
②土芭樂
★③金棗

聯發芋頭老店
在地人吃的冰店,三球
50元,五球70元,七球
90元。口味眾多,每款
都有其特色,天然美味
無添加,芋頭和土芭
樂是招牌,雨天吃完
時發抖啊!但好吃。

高纖維
低熱量
含膠質

阿源羊肉湯
日出頭城的老板推薦,
步行要1公里且下著小雨,
但值得來,冬夜裏喝一碗身體
都暖活了。湯頭清爽鹹淡適
中,肉質不韌且不柴,魯肉飯
肉燥尚可,但那半顆蛋加吩!!

大里天公廟
石花凍20元

海天餅店。
路过發現的老店

綠豆糕20元

素綠豆椪40元

昨天經过雙溪時,google上看
到一家排隊名店,以寒天布丁
古早味蛋糕出名,但ざム吃不
完所以買小點心,中規中矩
還可以。

日初頭城 一盒560元,廁所便鞋群別!

122

Day 22
1/17 (日)

| 頭城 | ▶ | 壯圍 | ▶ | 羅東 |

已走	住宿	共花
27 公里	500 元	767 元

親身體驗，發掘每個地方的驚喜。

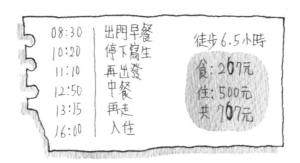

08:30　出門早餐
10:20　停下寫生
11:10　再出發
12:50　中餐
13:15　再走
16:00　入住

徒步6.5小時

食：207元
住：500元
共：707元

迅速打包行李上肩，成了每天的直覺動作。這是一場神聖的儀式，每天清早一回。

曾幫壯圍畫過旅遊簡章插圖，所以導航建議的三條路線，就挑了經過壯圍的那條，想看看真實的壯圍。沿途大都是鄉間小路，今日是陰天所以走路特別舒服，塭底路上都是民宿，坐落在宜蘭獨特的水稻旁。喜歡今早的風景於是停下寫生，畫圖時又有遊客向我問路。越來越納悶，我不像遊客或旅人嗎？

今晚住宿的青旅房間格局很有趣，小管家說混房一床 500 元，女生房一床 600 元，鱷魚當然不想多花 100，錢還是留著吃美食實際。因為地點距離火車站 1.5 公里遠，懶得晚上再出門覓食，看到全聯直接先採買一堆垃圾食物，打算邊畫圖邊吃點心。

這家青旅的住客偏年輕，大多是大學生或剛出社會人士。晚點有位一樣徒步的男士入住，來自高雄的他目前定居澎湖，從事日文翻譯的工作。他體能很好，每天可走 30 到 40 公里，臉上沒有任何的疲憊神情，鱷魚估計他一個月應該就可以走完大環島 1200 公里了。最神奇的是，鱷魚沒有說明本人是作者，他看著我的畫作，就問我是不是有出版介紹台南老店的旅行書，他有買那本書，所以認出我來。鱷魚很驚訝，簡單一張照片居然就可以認出！

堀底路

很喜歡今天的路況，在鄉間小路散步般悠哉，天氣有些許寒冷，但走路剛剛好!!
沒什麼車、沒什麼人，只有自己陪自己走。

早餐 老張早餐吧!

香蕉豆漿 35元

鱈魚滾蛋 45元
(加起士10元)

自google地圖上找到的網紅名店,好像自礁溪搬過來,還不錯吃,覺得網路評價過高,可能好吃的蛋餅更多吧!吃這兩樣90元,果然出名=貴沒錯。

中餐 老麵店

往羅東金中,肚子好餓,隨意找一間舊麵店,口味跟台南相似,麻醬麵好油但香,餛飩湯料超多,便宜好吃的台灣日常美食。

麻醬麵 35元(小)

餛飩湯 35元(8顆)

甜

Doritos 迷彩片

全天然芋頭片

Coca-C

晚餐 垃圾食物。

117.

• 入住前路經一家全聯,買一堆沒營養物,人生不用太堅持。

125

晚上遇到很有趣的慶生活動。四個女大生的其中一位今天生日，她的朋友趁她洗澡時關燈備蛋糕，想給她一個難忘的生日宴。真是很驚喜，我們幾位坐在交誼廳的人都搖搖頭，小管家說，妳們怎麼趁她剛洗完澡、最醜的時候慶祝，她一定不會開心。壽星開不開心我是不知道，但浴巾包住頭，臉上沒有妝還穿著睡衣，各位男朋友，切記，不要這時間給驚喜，她收到的會是驚嚇喔！

晚上住羅東，距離蘇澳比較近。該面對的還是要面對，明天就要走蘇花公路了！

難怪評分高，果真是一家讓人感到放鬆的青旅，住戶平均年紀較輕，我來住是拉高大家平均年紀。

Day 23

1/18 (一)

羅東 ▶ 南澳 ▶ 蘇澳

已走	住宿	共花
31.5 公里	536 元	811 元

蜿蜒公路，似躺在懸崖旁的巨龍。

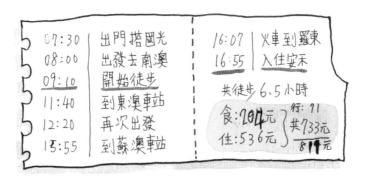

```
07:30 | 出門搭國光      16:07 | 火車到羅東
08:00 | 出發去南澳      16:55 | 入住安禾
09:10 | 開始徒步
11:40 | 到東澳車站       共徒步 6.5 小時
12:20 | 再次出發
15:55 | 到蘇澳站        食:204元  行:71
                       住:536元  共733元
                                  811元
```

　　蘇花公路(台 9 丁線)北起宜蘭蘇澳白米橋，南到花蓮中正路的花蓮郵局前，全長有 118 公里(現 102.4 公里)。沿路可欣賞太平洋海景與峭壁山勢，是世界非常著名的景觀公路。一般體力的徒友大都拆成三到四天走，勇腳則是二、三天，也有不少人為了安全起見避走這一段，因為和大車爭道實在是太冒險，選擇搭火車跨越蘇花公路。大家都勸我不要走蘇花公路，環島就環島，犯不著拿生命開玩笑，所以前幾天還在思考到底要不要徒步這段危險公路。

昨晚和背包房的一位在地人聊天，他因為開怪手而居無定所，哪處缺工他就去，所以待在花蓮的時間不多，他索性把租屋處退掉入住青年旅館。鱷魚問他：「蘇花公路現在安全嗎？」他笑笑回答：「蘇花改(蘇花改善工程)通車後，幾乎都沒有大車啦！」這針強心劑讓鱷魚鼓起勇氣，決定挑戰蘇花公路。因為我和大多數的人是反方向，遇過的徒友一定會問我：「蘇花公路好走嗎！」果然，蘇花公路的危險傳說讓每個徒友心生恐懼啊！

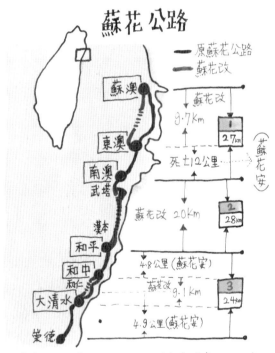

●蘇花改 2011動工，2021.1.19全線通車，花費551.73億。
●蘇花安預計119年全線通車，2022年環評通過後，將花費360億(暫估，一定會追加)工程款改善危險路況。

　　鱷魚由羅東轉運站搭巴士前往東澳（搭火車也可）。北迴鐵路於 1980 年通車，公車因此不斷減班，1982 年後公車全面停駛蘇花公路。而因應蘇花改工程完工，增加路況安全性，2018 年五月開始有巴士再度行駛這條景觀公路。鱷魚選擇搭巴士前往東澳，原以為會行駛舊蘇花公路，那麼沿途景色一定美麗無比，但路線還是以蘇花改為主，可惜啊！一位跟我同車的老先生知道我在徒步環島後，睜大眼睛，說：「妳好勇敢，妳是我第一個見過徒步台灣的人。」

　　「蘇花公路改善計畫」這個十年大工程耗費 551.73 億元，但有三路段未納入蘇花改工程，其實不算全線通車，意謂人車爭道的問題還是存在。2022 年蘇花安（蘇花公路安全提升計畫）如果通過環評，將耗資 360 億完成蘇花公路未完成的 19.1 公里。十年施工期後，舊蘇花公路就是一條安全的觀光公路。

　　鱷魚今天採取先搭車到目的地南澳，然後自終點走回蘇澳的方式。南澳往東澳這段是最危險的人車爭道路段，號稱「死亡 12 公里」。這段我是順方向行走，大車自身後呼嘯而過的感覺非常震撼，人身距離車體極近，腦海內想起大家要我避走蘇花公路，擔心的就是現在的狀況。途中最美的景色是俯瞰粉鳥林，完美的弧度海灣，碧綠的海襯托著，這美景只有徒步者能停下欣賞。

　　走完這段後，因蘇花改全線開通，原有的舊蘇花公路幾乎沒有大車，適合人、單車和摩托車通行，未來可以發展觀光巴士行程。今日體驗蘇花公路有大車和沒大車的對比路段，危險路況讓人神經繃很緊，加上又是爬小山，近 30 公里的長征也

耗費體力，多重挑戰下，走到蘇澳時覺得身心疲累，勞累感全上身了。

　　徒步蘇花除了危險外，最困擾的是住宿點很少，除了背帳篷的人外，其餘人必須搭車到下個地點投宿。

　　南澳的住宿點少，大多是在地的民宿，訂房網找不到；而蘇澳平價的住宿處很少，聽說漁港附近有一家，但是鱷魚沒找到，還有間青旅距離火車站快3公里。我不想花費太多體力來回住宿點，決定搭火車回羅東住。這次挑選火車站對面的旅館，八人女性背包房一晚536元，明天一早搭火車也方便，沒住宿處就用搭車移動的方式解決睡覺問題。

　　這兩日晚上都下雨，不撐傘會淋濕的等級。走出旅館時雨蠻大的，快速走入平價火鍋店坐下，雨夜冷天吃熱騰騰的火鍋真是太幸福啦！

　　今晚同房的妹妹是慈濟大學的醫學生，趁過年前空檔獨自來花蓮旅行。她是西港人，和鱷魚也算是同鄉，整晚跟我分享學校的生活。鱷魚一邊研究蘇花改工程，一邊認識慈濟大學的校風，好花蓮感的夜晚。

◆俯瞰粉鳥林。

全家茶葉蛋
國光號到南澳
鄉公所後,走到
全家借用廁所,
買顆蛋當
中餐吃!

10元

39元

**全家
海陸雙手卷**

前一晚遇見的徒友,他建議
帶點食物路上吃方便,結
果南澳到蘇澳這段路上,
有幾家便利商店。

川媽臭臭鍋。

海
鮮
豆
腐
鍋

120元

走出旅店剛好下雨,看到這家
就入內享用晚餐。料不是很多,
但便宜也吃得飽。

131

| 南澳 | ▶ | 漢本 | ▶ | 和平 |

已走	住宿	共花
31 公里	536 元	931 元

行走節奏鬆點，更可留心周遭環境。

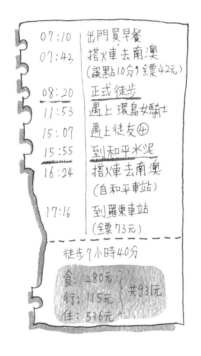

07:10　出門買早餐
07:42　搭火車去南澳
　　　　(誤點10分，全票42元)
08:20　正式徒步
11:53　遇上環島女騎士
15:07　遇上徒友④
15:55　到和平水泥
16:24　搭火車去南澳
　　　　(自和平車站)
17:16　到羅東車站
　　　　(全票73元)

徒步7小時40分

食：280元
行：115元　共931元
住：536元

　　昨晚看好火車時間，調好鬧鐘十一點準時入睡，走西班牙朝聖之旅和徒步環島都有同樣心情，加上每天早睡早起睡很飽，應該不會比徒步時更健康了。簡單梳洗後趕緊出門。昨天

蔬食手作三明治40元

各10元

下午茶 **和平紅豆餅**
一路上沒有吃到熱食，在和平村看到一攤賣紅豆餅的小店，買了紅豆和菜脯當點心，熱呼呼的好感人啊！

早上 **蕨未咖啡館。**
昨天早上就發現這家火車站

中熱美45元

hell。

餛飩魚丸湯40元

小么么牛肉麵
只想吃碗熱麵，路上看到一家寫大蒜麵，趕快入內吃一碗，下著小雨的夜晚，真的很感恩，能有如此美味的食物，真是幸福。

大蒜麵40

水果禮物

棗子

油豆腐15元

香蕉

炸蕃薯

昨天路過這攤就想買，但考量味道太重不適合帶入房間，但今天真的想吃，不管啦！還好其它兩位妹妹不介意。

各一份共80元

晚餐 **貴族派大同店**

無骨雞肉

買完早餐才發現羅東後站有家可愛的咖啡館，白色小屋配上蕨類妝點的綠意，文青氣質的老闆很年輕，逢人就喊一聲早，充滿朝氣的問候。店內食物和店內的風格一致，乾淨且美味，趕緊採買現做的三明治和咖啡，用營養豐富的早餐開啟清新的早晨。

　　起步幾公里後抵達武塔，需要借廁所而走入葉家香世界辣椒文創館，賣場裡頭展示不少骨董車。2020 年獨自去過古

巴，所以對老車很有感覺。葉老闆看到我很專注欣賞他的收藏，出來跟我打招呼閒聊。他蒐集數十台老車，現場僅是一小部分，他即將斥資數億改建成大型辣椒主題館，搭配骨董車成為特色。他說，歡迎我兩年後回來，看看他如何把老車結合他的辣椒產業，聽起來實在很吸引人，為此鱷魚一定會回來。

前5公里都是水泥車，一台接著一台，原來是一家宜興預拌廠的緣故，步行越過工廠後就幾乎沒有大車。今天是蘇花公路第二天，鱷魚昨晚只顧著聊天，沒做好功課，上路後才知道原來要走到和平才有補給可買。南澳下車時還有多家超商，但我竟然沒採買任何小零食。今天路況就是公路，路上沒有任何店家，而我愚蠢到只帶一個350毫升保溫瓶的水就出發，身上連顆糖果都沒有，快中午時肚子好餓。今天公里數約30公里，鱷魚不是累昏，而是飢餓的關係昏倒就笑死人了。

11：53天使降臨，幸運遇到兩名機車環島女性，一位住高樹、一位住竹南，今日是她們旅行第六天。鱷魚沒提到沒帶食物的事，就只是三人閒聊，她們一人送我大棗子，一人送我香蕉，讓鱷魚走到和平前不會血糖過低，她們是上天派來的使者啊！可能鱷魚背包太輕便，很多人不知道我正在進行環島，進入花蓮後偶爾會有人問我要搭便車嗎，而今天遇到最多人的加油聲。有些單車或摩托車經過我身邊時，會大聲喊出一句「加油」，或是有舉起拳頭的加油信號，還有兩台車停下，問我是否搭便車。好奇妙的一天，鼓勵的人非常多。

走了兩天，深深覺得蘇花公路是一條蜿蜒的巨龍，躺在山巒峭壁間，俯視著壯闊的太平洋，展現一方霸主的姿態，觀望

來朝聖的徒步使者們。

　　快抵達和平時，遇見一位辭職環島的年輕弟弟。已經走四十七天的他顯得有點疲憊，不知道我四十五天後變成什麼模樣。

　　今晚又回到羅東同一家旅館住宿，室友換成另外兩名獨自旅行的女大生，原來喜愛獨旅的女性不少呢。

蘇花公路都沒車！
① 蘇澳 ↔ 東澳
② 南澳 ↔ 和平

送我水果的天使！

徒友④號，已經走47天了。

2021. 1. 19　pm 13:15

東台灣

▶ ▶ ▶ 花蓮 | 台東

Day 25~37

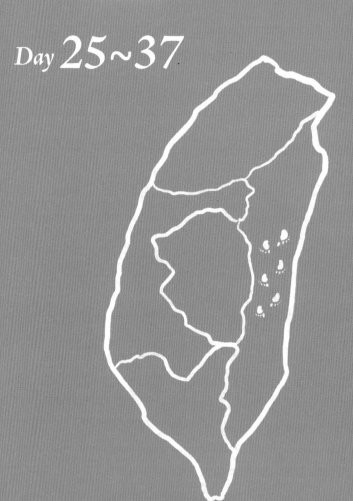

Day 25

1/20（三）

和平 ▶ 新城 ▶ 花蓮

已走	住宿	共花
27 公里	**320 元**	**788 元**

越過隧道，眼前浮現一抹唯美海景。

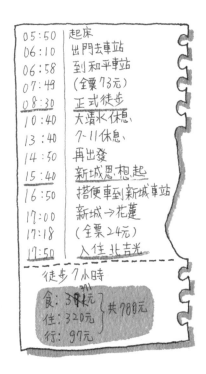

```
05:50   起床
06:10   出門去車站
06:58   到和平車站
07:49   （全票73元）
08:30   正式徒步
10:40   大清水休息
13:40   7-11休息
14:50   再出發
15:40   新城思想起
16:50   搭便車到新城車站
17:00   新城→花蓮
17:18   （全票24元）
17:50   入住北吉光

        徒步7小時
                391
        食：384元  }共788元
        住：320元
        行：97元
```

　　剛出發就遇上霧雨，今日是蘇花公路三天中最短的路程，但是走完精神上卻最耗弱。27公里長度，隧道就占7公里長，極長時間是在隧道內行走，空氣不好加上大車經過時噪音極

大，行走時壓力很大。最長的匯德隧道有 1,460 公尺，走到以為遇到鬼打牆，一直有看不到出口的恐怖感。可以體會蘇花改為何不讓行人和機慢車通行，因為觀音隧道長達 7.9 公里，與谷風隧道連成 12.7 公里長，密閉空間加上空氣污濁，真的有昏倒的可能性。而錦文隧道是我覺得最可怕的一個，因為沒有高起的水溝人行道，人和大車非常靠近，如沒閃好真會被撞上。

錦文隧道

今天下著霧雨到小雨氣候，而蘇花公路今天路況就是一直在隧道裏走著，共走了12個隧道，而最長的是匯德隧道，有1460公尺長，而最恐怖的是錦文隧道，沒有水溝蓋可走。

2021-1-20
PM 13:00

柳暗花明又一村，步出隧道後通常有極美海景，這是走隧道的嘉獎。到新城時快四點，進了一家原住民粗獷風格小店，店長是位可愛的原住民美花姊，聽到鱷魚嚷嚷肚子很餓，套餐幫我加量卻不加價，鱷魚用吃光光來感謝她的好意。她邊聊天邊做跟部落長輩學的傳統編織，她說她常編這類的小禮物，還送了兩條毛線編給鱷魚，回家後鱷魚將兩條編織帶當成客廳角落的裝飾物，每次看到都會想起她那爽朗的笑容。美花姊因為先生離開得早，她單親帶大孩子，卻有著開朗笑容。她像陽光般給人希望，在她的身上看不到自怨自艾，孩子大了就去夜間部進修，她開心地說她今天考完畢業考，準備要畢業了。

心溫柔的人不會用言語讓人有壓力，當美花姊慢慢地關店整理，才知道她為了鱷魚晚打烊了，關店後還開車送我去新城火車站。後來我們交換聯繫方式，可愛的她說自己最會傳長輩文了，但是收到她美美的問候相片卻不討厭，她成為我對新城最鮮明的記憶，最有故事的一段。

今天自新城搭火車到花蓮，預約一家評價極好的青旅，讓人很舒服的一間民宿，見到幾名有意思的長居客。原來每間旅館都有這麼有趣的住戶，入住的原因讓人很想去探尋，沒有一個原因相同的，真實人生比電影還精采啊！

小幫手珈珈也是台南人，從事設計和插畫的工作，每次工作告一段落就到青旅當小幫手。想遠離日常生活的環境，就選在遠方的花蓮讓自己喘息；時髦小姐是台北人，每個月有幾天必須到花蓮出差，起床後她整理儀容換上漂亮服裝，女生房的梳妝檯就是她的工作區；另一位年輕男士也是台北人，因為喜

◆ 28 公尺的和仁臨海短隧道（日據時期開鑿的僅存隧道）。

思想起

散客：在不接團體，因疫情，因疫情前只接店，疫情現三越村村長開的

我隨口說很餓，店長真的我加量。

我全吃光光她很開心。

2021.1.20．pm17:50

途經新城時，發現一家小店「新城思想起」，入內吃了一份土雞特色餐，安慰一整天沒熱食的胃。店長林美花是一位熟於生活的姐姐，開朗豪爽的性格讓人喜♡。感謝她送二條毛線編織帶給我心。異鄉的小溫暖很有幸福感。

▲竹筒菜糯米，太香了!!

土雞特色餐280元
（送豆花 or 仙草一份）

140

愛花蓮的悠哉腳步，跟老闆談好條件，讓他住在花蓮遠程工作，定期回台北開會及探望雙親，而交誼廳的長桌就是他的辦公室。鱷魚出門前他已經坐下忙碌，下午散步去咖啡店喝杯咖啡，再回青旅繼續工作，偶爾叫外賣或和其他長住客一起去吃飯，活得好自在。當然，他工作表現一定獲肯定，有能力就可以跟雇主商量工作模式，覺得他的情況值得參考。

　　花蓮的青旅房費便宜到讓人無法置信，320元就可以入住不錯的房間。很喜歡東部住過的青年旅館，小管家和幫手都很和善，大夥們會在交誼廳聊天交換資訊。青旅不是只提供住所，而是成為小資旅人外地的家。溫暖，才能讓心好停頓休息。

北吉光輕旅

2020.1.21.pm 8:50

Day 26

1/21 (四)

花蓮（休息日 4）

已走	住宿	共花
10 公里	320 元	1,215 元

花蓮，有一股緩步調的幸福感。

08:30 出門
09:30 早午餐
12:30 離開
13:30 咖啡
16:30 郵局 → 買伴手禮寄給家人!!
18:30 回青旅

食:565元・雜:330元
住:320元・共 1215元

　　走完經典蘇花公路後，身心需要好好休息，今日在花蓮耍廢一天。

　　為了今天有個好的舒壓路線，昨晚研究了幾家早午餐和咖啡店。因為沒有交通工具，我盡量找步行 2 公里內的店家。放鬆行程的含意就是吃吃喝喝，美食加上好咖啡，不過多耗費體力。趁今日休養身心，接下來才能用好心情欣賞花東縱谷。

原本想去的早午餐店今日臨休，門口張貼一張連休三天的紙條。旅程的突發狀況不少，考驗旅人的應變能力，鱷魚趕緊搜索附近咖啡店，確認 800 公尺外有家歐式風情的網紅餐廳，色調營造既休閒且優雅。店內有一對青少年情侶，年輕的男生低頭玩手遊，女生想聊天但是對方心不在焉，這樣的感情看似親近但卻很遙遠，看得到彼此但心頻不在同一線上。記得有回用餐時隔壁坐了一家人，中年夫妻和國高中兒女，四人點完餐後各自滑手機，上餐後也沒有交談，好疏離的家人關係。鱷魚告誡自己，外出用餐時千萬不要盯著手機，跟親朋好友相聚的時光很難得，用一期一會的心情珍惜每次的相聚，不要用科技產品隔出距離感，因為面對面的相聚更珍貴。

· 煙鮭魚溫沙拉 140元
· 冰水蔬菜 60元
· 酥炸豬排 45元
（共 245元）

2021. 1. 21 amily

曼·慢來早午餐。

肉絲炒麵85元

橄欖園麵食館 午餐

青旅介紹的美食店，座位只有12～16個，70歲左右的老板一人照顧全店，所以上菜速度慢，但值得等待，非常的好吃，今天店內都是常客，會跟老板聊天，請喝菜和收碗快。

粗Q的麵條似似烏龍麵，帶微酸且加了孜然提味，雖油了些但很給五顆星啊！

Cabra Coffee 午茶

黑糖肉桂卷80元
淡淡肉桂香

麥當勞 把咖

=50元

熱美式80元
喝起來很順口

店內安靜，飄著咖啡香和烘焙香，只有幾位客人，輕音樂讓心靈沈靜不少，偶爾老板製作甜點發出碰敲聲，似媽媽在廚房製作蛋糕般，給人安心感。

去花蓮郵政總局寄完環島第二件包裹後，肚子不餓也不想再喝咖啡，所以麥當勞是打發時間的場所，還可以把寫畫日記好好整理，晚上就不用趕進度!!

晚餐
佳興檸檬汁
+
小七麵包

今天吃一整天了，晚餐根本吃不下，想起冰箱還有昨天買的檸檬汁，小七再買一個麵包防餓即可。

　　午後走到橄欖園用餐，是青旅長住客和小管家都推薦的小店。有個性的老闆一人要忙廚房和送餐，情緒應對上有時比較有個性，但等待絕對值得，帶有孜然味的炒麵非常特殊，尾韻的酸氣讓人回味無比，即使鱷魚不餓還是整盤嗑光，只恨胃太小無法再吃一份小籠包。

　　之後往中山路續行，發現早已鎖定的咖啡店，簡約的內裝加上開放廚房的親近感，拉近客人與老闆的距離。剛出爐的肉

桂捲實在香到讓人流口水，一杯咖啡配上一個點心，讓畫畫時光不寂寞。女老闆看到鱷魚的畫風非常喜歡，問可以接案幫他們畫菜單嗎?鱷魚當下因還在徒步環島所以婉拒，事後想想應該接下，因為伯樂沒有那麼多啊。

咖啡店附近就是花蓮總郵局，鱷魚買了一個郵便箱，裝入一早買的手工麻糬和一小疊畫稿，最後連登山杖一起寄回。深覺沒拿登山杖讓鱷魚走路可以更便利，裝在背包只是增加行李重量。徒步旅程就是檢視自己需要甚麼，通常想要的比需要的更多。

鱷魚想起今晚青旅還有一位常住客也是南部人。她考上公務員而島內移民至花蓮，原本計畫住青旅再邊找房子，但一住十個月也覺得適應。她說每天都可以認識新朋友，感覺也不賴。鱷魚注意她的行李非常少，她說明自己維持夏裝和冬裝各七套，我問她這對上班族不會太少嗎?她說七套衣服剛好輪一周，根本沒有人注意她穿什麼。看著她僅有一個二十一吋的黃色行李箱，加上青旅送給她的一個收納用方形置物箱，放置換季服裝和雜物，最欣賞她說的:「希望未來能達成一個皮箱就能離開的境界。」

一位三十歲女性的斷捨離引人省思，覺得我下回出國也可以只帶 5 公斤背包，因為行囊越輕，路能走得更遠。

花蓮 ▶ 壽豐 ▶ 鳳林

已走	住宿	共花
20 公里	700 元	1,377 元

雲飄山頭，美成生活風景的一部分。

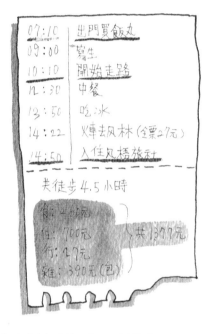

07:10	出門買飯丸
09:00	寫生
10:10	開始走路
12:30	中餐
13:50	吃冰
14:22	火車去鳳林 (全票27元)
14:50	入住丸梧旅社

共徒步 4.5 小時

食: ??元
住: 700元
行: 27元
雜: 390元 (包)
人共 1377元

　　小管家說山米飯丸很好吃，建議我可以買一份當早餐，於是刻意繞道二二八紀念公園採買一個。不定期推出特殊口味讓人期待，於是選了冬季限定的麻油雞飯丸。這味道讓鱷魚想起媽媽的麻油麵線，最難忘的家常料理。現在的年輕人很有想法，二十多歲就知道自己想要的生活模樣，一台車成為營業的

工具，無論是環島賣咖啡還是定點賣飯丸，展現新一代的應變生活能力。

慢慢離開花蓮市區，前往吉安客家第一莊。因為雪山山脈的緣故，濕氣重所以多雲層，雲飄在山頭樣子真的好美，這是嘉南平原見不到的面貌。在涼亭休息時看著高山搭配繚繞的雲層，覺得實在太吸引我了，鱷魚的畫冊就是要記錄這迷人的片段。

花蓮有「大理石之都」美稱，居民約有 20% 從事石材相關行業，石材原料與加工進出口僅次於義大利，高居世界第二位。每個城市都有其特色，花蓮則用石頭來展現，舉凡石雕候車亭、石料牆面拼貼、人行步道的石材拼花，甚至是用石片當圍籬，還有一些超大石塊零散地擺放在空地上，尋找有緣的買家。徒步一點都不無聊，沿途查看每座城市特色挺好玩的。

或許是因花蓮縣長是國民黨籍緣故，花蓮的台 9 線路燈都掛上了國旗。這幾天的雨打落火焰木，地上火紅色的花和國旗的紅上下呼應著。花蓮有不少落羽松，每走一段路後總有一小片秋意可欣賞。

步行 20 公里走到壽豐，搜尋到一家名為小和山谷的餐廳。但今日客滿，店員說還要等一小時才可能有座位，只好抱著遺憾離開。之後找家超商喝杯咖啡，順便把行李中的零食吃掉，減輕重量，查看附近有一春虫冰工廠，決定吃碗冰釋放疲勞。

原本計畫走到光復，然後再搭車到鳳林。邊吃冰邊查看火車時刻表時發現，如果沒搭上七分鐘後發車的區間車，今天就

147

路經吉安客家第一庄時，
雲在山頭很有意境，
很想畫下那畫面…

2021.1.22. am 9:50

完全沒車，意味著得要徒步到光復。天空烏雲一片，氣象預報
將下雨到深夜，鱷魚不愛雨中走路，因此立即用奔跑的速度趕
到壽豐火車站，幸好火車誤點四分鐘才順利搭上車。

　　昨天已經跟鳳梧旅社訂房，鱷魚先打電話詢問，掛掉無人
接聽的電話後收到簡訊，寫著「我得鼻咽癌無法說話，請傳簡
訊告知。」隨後老闆再委託鄰居聯繫我，訂到一間 700 元雙人
套房。已經營業八十年的老旅社雖然不是日據木造舊貌，但整
理得乾乾淨淨，房間也很大很舒適。目前老闆是第三代繼承
人，生病後還是經營這家老旅社，雖然僅能筆談但不影響住
宿。入住後下起中雨，跟旅社借傘，外出漫步鳳林小鎮。很喜
歡這個小鎮，不大但是人都很親切。

山米飯丸 早餐

← 用白穀紙包起來

麻油雞口味 55元

北吉光小管家介紹的早餐，
七點出門就先去買一顆當
早餐，麻油雞冬季限量版，
真真合有點涼的早晨。

小七中餐 中餐

中熱美
35元

今天走20公里到了壽豐，
原本想去「小和山谷」吃中
餐，但是客滿要等近一小時，
計劃二就是來小七買杯
咖啡，把昨天買的糍
糯和雞蛋沙拉吐司吃
完，吃光食物不浪費，讚！

一顆10元

民宅內販賣，生意非常好，
要排隊才可以，因新鮮
所以只能放三天，一
顆10元 很便宜。

阿傳師

鳳林游翁韭菜臭豆腐 下午茶

位於壽豐的冰店，
主打以天然和原味
的食材製作，不添加
化學添加物，以在
地農作物，堅持食
安的理念。
販賣黑砂糖刨冰
和冰淇淋及冰棒，
它選加三樣料
50元的刨冰，洛神
脆，芋頭是泥狀，
而花豆不甜但飽滿。

春虫冰工場

← 豬血湯30元

風林有二家
韭菜臭豆腐，
當地人推
傳車場排隊，
這家也不錯吃，
舖入滿滿韭菜，
很有特色。

韭菜臭豆腐 50元

嘉年華蛋糕坊 晚餐

昨天上午買的阿傳師糍糯，
販售芝麻、紅豆、花生三種口味，
各買四個，留下一個芝麻，其
餘昨日用快捷寄回，郵資10元比11顆糍糯貴!!

風林在地傳統古早
味麵包，充滿懷舊

內鬆
20元

奶油螺雷20元

撐著傘走到旅社附近的社區營運點，看見社區媽媽共同經營社區植物染體驗課程，於是鱷魚買了一個隨身小包當旅程禮物，也方便裝手機。媽媽中有人帶來一鍋湯，他們舀了一碗請我喝，人情味加料的食物特別好吃，吃的是一份溫暖和感動。

媽媽們要我去吃臭豆腐，她們說鳳林的配料是韭菜，和其他縣市用泡菜不一樣。可惜因為大雨，廣場那家沒有營業，但是鳳林國小門口的老店也很好吃。

下雨不影響鱷魚的好心情，不顧褲管濕透還是撐著傘到處閒晃，甚至走到徐家興菸樓參觀。儘管濕淋淋的卻很享受，鳳林是鱷魚徒步行程中最喜愛的小鎮。

◆城市就可以看到山真棒！

鳳梧旅社

現在只有住到便宜老旅社，才有機會看到壓克力key，因為收費便宜置使用喇叭鎖，不是科技式的以卡感應，所以每次看到這種key要珍惜，未來會消失的。

Day 28
1/23 (六)

鳳林 ▶ 光復

已走	住宿	共花
11.5 公里	**300 元**	**776 元**

漫步鳳林，接受一個又一個溫暖的微笑。

```
08:00  出門早餐
08:42  風林單車趣
10:30  歸還單車
11:32  正式徒步
13:28  教堂休息
14:20  普悠瑪到花蓮
       (全票97元)
15:58  到花蓮
16:35  入住
- - - - - - - - - -
  徒步2小時
  食：200元
  住：300元      共737元
  行：97元        39元
  雜：40元(洗衣)   746
```

◆落羽松道

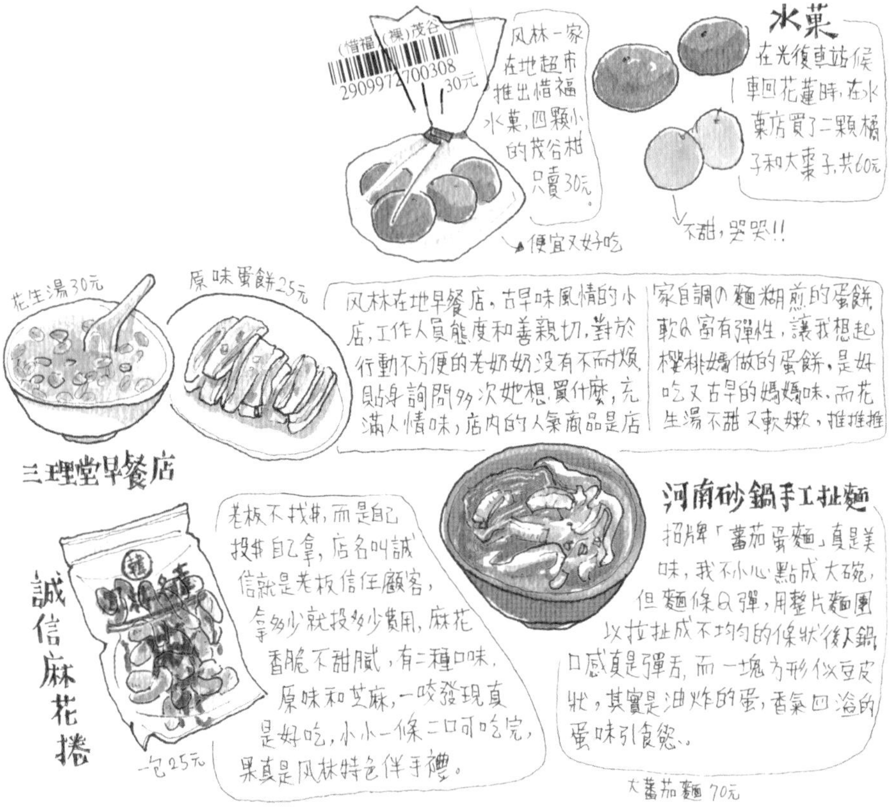
水菓
在光復車站候車回花蓮時，在水菓店買了二顆橘子和大棗子，共60元
不甜，哭哭!!
(惜福)(棵)茂谷
30元
风林一家在地超市推出惜福水菓，四顆小的茂谷柑只賣30元。
便宜又好吃
花生湯30元
原味蛋餅25元
风林在地早餐店，古早味風情的小店，工作人員態度和善親切，對於行動不方便的老奶奶沒有不耐煩，貼身詢問多次她想買什麼，充滿人情味，店內的人氣商品是店家自調の麵糊煎的蛋餅，軟Q富有彈性，讓我想起櫻桃媽做的蛋餅，是好吃又古早的媽媽味，而花生湯不甜又軟嫩，推推推
三理堂早餐店
河南砂鍋手工扯麵
招牌「蕃茄蛋麵」真是美味，我不小心點成大碗，但麵條Q彈，用整片麵團以拉扯成不均勻的條狀後入鍋，口感真是彈牙，而一塊方形似豆皮狀，其實是油炸的蛋，香氣四溢的蛋味引食慾。
大蕃茄麵 70元
誠信麻花捲
老板不找$，而是自己投$自己拿，店名叫誠信就是老板信任顧客，拿多少就投多少費用，麻花香脆不甜膩，有二種口味，原味和芝麻，一咬發現真是好吃，小小一條二口可吃完，果真是风林特色伴手禮。
一包25元

鳳林有家傳統早餐店評價很好，招牌是粉漿蛋餅，用平底鍋不停地煎著。蛋香混著餅皮香，還沒入口肚子就餓了。花生是鳳林主要農作物之一，所以花生湯很有名。第一次在早餐店喝花生湯，慢火熬煮成綿密的口感，搭配蛋餅有種另類的協調。

很喜歡慢活氣息的鳳林，決定上午放假半天，跟旅館老闆借單車小出遊。鱺魚要去找鳳林菸樓，雖然雨大到要穿雨衣才能騎乘，但一路是農家田野風光，路過的長者都微笑打招呼，

令人愉悅。這個客家莊充滿溫馨氛圍，是全台校長密度最高的小鎮，也被稱為「校長的故鄉」。

騎著腳踏車參觀了林田神社、大榮國小日式教師宿舍、客庄移民村警察廳、廖快菸樓和翁林廷耀菸樓。其實沿途民宅還有其他菸樓，可想而知當時菸樓的密度極高。最後吃碗美好花生的花生湯，也買兩包誠信麻花捲當伴手禮。

十一點離開鳳林前往光復，因為陰天步行舒適，遇到一條盡忠職守的黃狗，自廠區追出來吠我，然後一路尾隨我 300 公尺。知道自己的本分是什麼，給牠一百分。在光復的大馬聖保祿歸化天主堂歇息時，突然下起豪大雨，氣象報導顯示雨會下很久，原本決定徒步到瑞穗的計畫，看到大雨還是放棄，突然覺得我是嬌貴型徒步者啊！查看附近住宿都千元起跳，時間還早，我乾脆搭火車回花蓮住宿，明天再回來接這段路吧！

十人女生房一晚 300 元，今晚沒其他室友所以包房，多舒服。記得另一家青旅小管家提過河南扯麵很好吃，愛吃鬼上身的鱷魚當然趁今晚還在花蓮時快去吃。生意很好要排隊的小店，吃完真的愛上這款現拉的「一條麵」。我超有口福，一路吃還一路玩，這趟徒步環島真棒。

站前海民宿

Day 29

1/24（日）

光復 ▶ 瑞穗

已走	住宿	共花
22.3 公里	**500 元**	**1,110 元**

別趕路，用心聆聽每座城市的獨特聲音。

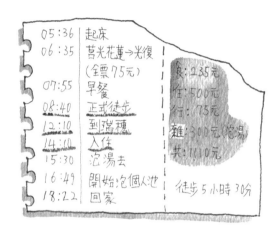

05:36　起床
06:35　莒光花蓮→光復
　　　（全票75元）
07:55　早餐
08:40　正式徒步
12:10　到瑞穗
14:10　入住
15:30　泡湯去
16:49　開始泡個人池
18:22　回家

食：235元
住：500元
行：75元
雜：300元（泡湯）
共：1110元

徒步5小時30分

　　一早自花蓮搭火車前往光復車站，下車後先進市區找一家早餐店，因為「蒙古蛋餅」的奇特名稱，趁機去吃看看味道如何。和台式傳統蛋餅不同，做法是先炸再煎，所以餅皮富有咬勁，內餡是香料類的九層塔和洋蔥，味道自然吸引人。鱷魚多買一個韭菜餡餅路上吃，冷了味道還是很香，應該再多買一個的。

　　西半部很少看到徒友，進入新北後較常碰到，今天路上又

遇見一位。他已近退休年紀卻走得很快，估計平時有爬大山經驗。發現年紀稍長的男徒友特色是一直趕路，一天以 35 到 45 公里的速度前進，不過背包比年輕人精簡，估計重量跟鱷魚相去不遠。

走到瑞穗已經午後，鱷魚的美食雷達也挺靈的，根據經驗吃到一家好吃的山東水餃。我和一對原住民夫妻同桌，他們點了一桌子食物，太太說他們住在花蓮市，隔一陣子兩人就開車來這裡吃水餃，晚點去泡溫泉，傍晚再回家。好棒的一日小旅行。

溫清漿 15元
蒙古蛋餅 40元
韭菜餡餅 25元
內餡滿滿，比主打商品好吃。
光復 **蒙古蛋餅**
餅皮酥香，內餡是九層塔洋蔥蛋，而餅皮先炸後煎，「厚工」所以紮實有嚼勁。

疏菜湯 30元
水餃1顆50元，蟹10元
山東麵館。瑞穗
店名叫山東，所以店內餐食都超大份，有山東的豪邁氣。不過份量多也注重味道喔！生意非常好

瑞穗晚4
鳳林扯麵館
來自河南的閩娘閩的手工扯麵有彈性，但嚼勁比不上花蓮那家，但湯頭不錯，看到別桌點的炒菜，都快流口水了！！
蕃茄蛋麵（小）65元

昨天查到瑞穗有天主堂可以投宿，鱷魚抵達瑞穗先步行到天主堂看看，發現地點非常偏僻，萬一晚上只有我一人住宿，一定非常可怕。果然，我的預感正確，夜晚再次路過時，那裡

加油站
著名廟
超商
三大上廁所地

今天除了停三回上廁所外，
一路沒休息，由光復直攻到
瑞穗。(現下×雨)

一片漆黑，連路燈都沒有。所以鱷魚最後改訂一間六人背包房，一床 500 元，店內布置得非常有網美風，這房子的室內擺設部分，就是要讓客人拍照的。今晚又包房，過年前夕真是旅行的好季節。

不過老闆明明在屋內卻讓鱷魚自助入住，看著牆上的留言說他很 nice，但我們晚上碰頭時他態度冷冷的，讓我懷疑是換老闆了嗎？入住後跟民宿借單車，原本想騎到 7 公里外的百年日式溫泉，但是單車輪胎沒氣且一路緩坡，騎到瑞穗溫泉真的累了，只騎 4 公里就豎白旗。記得中午遇見的夫妻說他們都去東岡秀川泡湯，鱷魚剛好看到這家的指示牌，直接騎著沒氣的單車前去，到湯屋已經滿身大汗，像剛洗完澡模樣。

鱷魚選了一小時 300 元的個人湯屋，因為需要等很久，店家幫鱷魚換成雙人湯屋。花蓮三大溫泉區分別是「瑞穗溫泉」、「紅葉溫泉」與「安通溫泉」，瑞穗是全台唯一的碳酸鹽泉，泉水 48°C，富含鐵質，遇到空氣氧化後成淡黃濁，稍帶一點鹹

味和鐵鏽味。白色毛巾在水中被染成鐵鏽色，泡完後通體舒暢，全身暖呼呼的。後來麻煩溫泉旅館員工幫單車充氣，弟弟發現新式灌風器有問題，熱心的他還開車去借一台傳統的。後來發現是單車外胎裂了，完全救不了。

遺憾的是必須再騎著沒風的單車回民宿，路上沒有路燈只能拿頭燈照明。回到市區時瞥見「河南扯麵」，想起昨晚在花蓮的美食經驗，泡完湯再吃碗熱麵真是冬季的幸福。回到民宿全身都是汗臭味，只好再洗一次澡。我的媽啊！今天竟然洗了四次澡！

 瑞穗 ▶ 舞鶴 ▶ 玉里

已走	住宿	共花
23 公里	**500 元**	**1,070 元**

原來，徒步環島的單身女子不多。

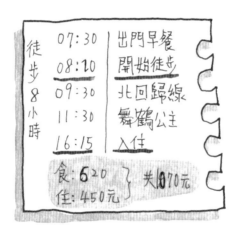

```
      07:30  出門早餐
徒    08:10  開始徒步
步 ─────────────
8     09:30  北回歸線
小    11:30  舞鶴公主
時    16:15  入住
      ─────────────
      食：620  }  共1070元
      住：450元
```

　　路上隨意找間早餐店，挑了間由一群越南籍外配經營的店家。這兩天在瑞穗吃了三餐：山東水餃、河南扯麵和越南早餐，老闆娘都是外配。查一下資訊得知，原來花蓮縣的外配人口挺高的，難怪有聯合國的感覺。

黑豆漿水 20元

加蛋花枝堡 50元

早餐店 瑞穗

三民中多
好口味玉里麵

二樣 80元

老板很親切，還會跟我聊他幾乎天天可以看徒友白店門口經過，他說單身女性很少，看見我之前的另一位妹妹是去年的事了!(原來女性單身徒友不多)

晚餐 玉里晚多
Mr.捲 Food stall

花枝丸 65元

非常好吃，餡料份量大方，幸好點半捲，不然一定吃不完。店內裝潢有如小酒館，工業風味道，放jazz音樂好輕鬆，會想再來的店

墨西哥拌牛(半) 70元

紅茶洋行
仙草干茶 20元

檸檬 紅茶 35元

消夜 玉里臭豆腐 (大) 100元 (小) 60元

今天好熱，我竟然買了二杯搖搖，幾乎一口氣喝完。

二十五度以下走路最舒服，今日高至二十七度，有點熱，流不少汗。導航顯示到舞鶴有近路，妳當然要偷懶一下。根據這些日子的經驗，心得是捷徑必定有詐，繞入村裡的小路能縮短路程，但遇到爬坡路況真是鐵律。走了一段超陡坡後，路的兩旁是茶園和咖啡園。偷偷告訴大家，通常這樣的環境最適合野外上廁所，隱密且人煙稀少。

為了拜訪北回歸線又切回台9線，一只大茶壺告知此處是舞鶴紅茶產地。北回歸線標誌公園是打卡聖地，台灣共有三處設置，分別是嘉義水上、花蓮豐濱和瑞穗。北回歸線為太陽自北半球能直射到距離赤道最遠的位置，位於北緯23.5度，每逢夏至那一天，太陽會剛好直射在北回歸線上，正午時分的「立竿不見影」是其獨特天象。

　　不久走到舞鶴公主咖啡，坐在戶外喝杯舞鶴蜜香紅茶和柚餅，遠眺前方的花東縱谷景致，安安靜靜休息一會，這何嘗不是一種浪漫？海拔一百到三百公尺的舞鶴台地，因秀姑巒溪與

舞鶴紅茶。

喝茶配花東縱谷，
好棒的午後!!

2021.1.25 pm12:15

◆舞鶴茶園。

紅葉溪的濕潤水氣，種茶歷史約於民國四十九年開始，以阿薩姆種及台茶 7 號為主，民國六十二年開始種植小葉種的「青心大冇」、「青心烏龍」、「台茶 12 號」等品種，民國六十八年以「天鶴茶」之名紀念茶葉研發者錢天鶴博士。近年因應市場需求，主要種植大葉烏龍，因為害蟲小綠葉蟬會吸吮茶葉，茶農發現這現象反而讓茶葉產生化學變化，帶有淡雅果香與濃郁蜜

香，「蜜香紅茶」因此誕生並廣受好評。因為葉蟲多反而讓茶葉更香濃，所以茶園都不噴農藥，符合無毒農業與自然共生之精神。

遼闊的舞鶴台地，放眼望去是綿延起伏的茶園，數十家自產自銷的茶行林立，每家都有獨門的祕方。日據時期日本人在舞鶴成立了「住田物產株式會社」，類似咖啡農場概念，種植阿拉比卡咖啡豆，進貢給日本天皇，所以路上可以看到百年咖啡樹的廣告文字。此外，舞鶴也盛產文旦，產量佔全台八分之一。

抵達玉里前都是產業道路，最無聊的那種。一位阿姨用台語問我：「這麼熱，出來運動啊！」路上偶爾有長輩常會這樣問我，他們一定很納悶附近沒有山，為何我背著背包在路上走。

中餐在一家路邊麵攤解決。老闆說：「幾乎天天看到徒友自店門口經過，不過單人女性很少見，上次見過一位年輕女孩，已經是兩個月前的事了。」今天才知道，原來一個女子徒步環島不多啊！

玉里最有名的是臭豆腐，號稱全國前三名的臭豆腐，聽說當地人是吃車站前那間，觀光客才吃這家。多年前第一次品嚐時真的驚為天人，九層塔香讓人回味無窮。六點多去，排隊人潮多到嚇人，號碼牌四十九號，等候時間絕對超過一個鐘頭，鱷魚查看地圖決定去吃其他美食。吃了辣味牛肉捲和咖啡，那咖啡店老闆娘跟我說當地人都是九點後去臭豆腐店，這樣就不用等了。果真沒錯，完全不用排隊，於是宵夜以一盤臭豆腐收尾。

　　早餐時先在訂房網預約一家有背包房的民宿，位於火鍋店二樓，四人上下舖，一床收費 450 元，沒有對外窗的密閉房間非常悶。晚上同房的兩位弟弟也是徒友，都是換工作空檔來走環島。鱷魚和大家逆方向緣故，所以沒機會和其他人走一段，但也因為方向不同，我與弟弟們交換沿途資訊，也挺不錯。

佗咖啡

開幕兩年的日式老屋空間的咖啡店，店內展售一些木器和陶芸，是芸廊形態，坐在榻榻米上喝杯咖啡，冬日夜晚格外浪漫。

2020.1.25. pm 20:00

163

| 玉里 | ▶ | 古風 | ▶ | 池上 |

已走	住宿	共花
21.5 公里	**476 元**	**879 元**

旅行中的相遇，增長不同的思想和視野。

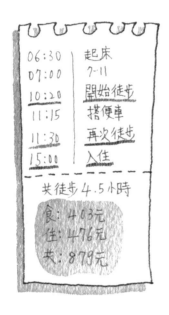

昨晚的住宿點不適合畫圖，因此一早到超商整理畫稿。每天都是一場進行式，新的一天會蓋過昨日的記憶，所以鱷魚盡量「今日事，今日畢，因為過了今日就不必。」在超商花三個小時吃早餐和書寫，完成昨晚紀錄才放心上路。

搭便車

我到玉里買菜和打掃工具，我和老公只要看到徒步的人，都會問要人載嗎?
媽媽：「小姐，妳要走到那兒?」
ㄜˋㄩˊ：「我要走去池上!」
媽媽：「我順路，載妳到古風。」
ㄜˋㄩˊ：「古風很遠嗎?」
媽媽：「妳需要嗎?」
ㄜˋㄩˊ：「好喔! 那我搭便車·」
今天好熱，所以ㄜˋㄩˊ就坐上一位古風媽媽的機車，搭一段5 公里的順風車，三貼且沒安全帽的違規喔!哈!

為了安全起見，導航帶我走台 30 線到客城，兩側景致是黃橙色的花海，不遠處兩座鮮紅色鐵橋(客城一號橋和二號橋)與公路交錯。綠油油的稻田、紅色鐵橋及花東縱谷的層層山景，花東真的隨處都是美景，今天走這條路真是漂亮。

跨過玉長大橋後改走花 75 線(卓富公路)，沿途的景觀依舊美麗，黃豔豔的油菜花盛開著，感謝休耕期農夫種油菜花當肥料，開春時節正好欣賞充滿朝氣的鮮豔色調。有些田開始播種插秧，幾個月後即將成為黃金稻浪。

愈接近中午越熱，遠方柏油路出現上飄的白煙，路好似要沸騰。一位年輕媽媽騎摩托車載著孩子經過，問我：「小姐，

◆盛開的油菜花田真美！

妳要去哪裡？要搭便車嗎？」鱷魚想想好像也不錯，炎熱的天氣遇到好心的路人，也許這就是緣分。我們三貼騎5公里到古風，小小一段路讓人感到溫暖啊！騎士是一位原住民媽媽，她知道這條路上的背包客都是徒步環島，如果遇上都會問一下需不需要搭車。她說大多數的人都說「謝謝！不用！」，但總會遇到需要幫忙的人，她曾有一次和老公深夜開車經過，接送一位走夜路的徒友到車站。這位古風媽媽用她的熱心證明，台灣最美的風景是人啊！

經過古風後，進入花東特有的水稻景象。水田有群山的倒影，搭配油菜花當點綴，插秧車在田中忙著，真是一幅農村好風景。再走一小段路，一隻小黑狗跟著鱷魚，始終與我保持一段距離，牠會下田玩水、路邊挖洞、田裡走走，然後又回到我身邊，牠是路上唯一沒有吠我的黑狗！直到進富里前的平交道，正巧火車來了，我在富里這頭，牠在另一端，火車離開後

不見小黑狗，原來牠護送我到這裡為止！

　　富里主要產業為農業，以金針、香菇和富麗米（富里米）出名，曾經是台東和花蓮的農產運銷重鎮，鼎盛時期曾有過四家戲院，目前僅存 1962 年開始營業的瑞舞丹大戲院。當時一樓是穀倉，二、三樓是戲院，後來電視與錄影帶興起，戲院漸漸式微沒落，於 1989 年歇業。2011 年起，定居高雄的第四代老闆陳威僑有意復興自家戲院，每個月回故鄉一次，不定時播放一場電影，讓大家回味老戲院的魅力。播放日期於瑞舞丹大戲院臉書專頁公告，如果來這剛好遇到開放，可以看一場電影感受富里曾經繁華的一頁。

　　人數僅萬人的富里，有幾家特色餐廳，但鱷魚今天想吃蔬菜，便走入一家自助餐店，結果青菜僅有三樣，真是失策。

中熱美35元

すし33元

超商早餐。玉里

昨晚11點上床，ㄜㄙˊ平時沒那麼早睡，但也很快入眠，所以隔天6點半就起床，乾快打包好去超商，趁時間早整理畫稿。

富里中餐 元山飯包

想吃菜所以找自助餐，結果這家大多是肉，蔬菜就二樣。

無糖綠茶20元

自助餐共90元

池上 全美池上便當

想吃的特色店今天都休息，只剩池上便當，挑一家沒吃過的。

料跟台南買的不一樣，80元

剛出發是寒流，越往南行氣候越熱，高於二十八度的話，其實體感溫已經三十二度，走路汗流不止，真不知道暑假出門的徒友是怎麼度過酷暑的。

路上看到不少人曬蘿蔔乾。冬天是蘿蔔產季，玉里一帶的品種跟美濃一樣是白玉蘿蔔。今天陽光夠燦爛，邊郊民宅把蘿蔔和棉被一同曬在門口或院子，覺得畫面挺溫馨。終於進入池上，預定的青旅位於小鎮另一端，長捲髮的小管家親切招呼，安排我住十人女生房，476元一晚，價格符合預算。

梳洗後出門覓食，搜尋幾家特色小店，走到店門外發現都掛著「公休」。星期二和三不要來玉里啊！因為很多店家輪休這兩天，平日遊客少，不休今天的店家也乾脆休息。鱷魚就是遇到慘況，大池豆皮店和福源豆腐店都沒營業，只能走到火車站，吃個池上便當解恨。新武呂溪所沖積而成的肥沃平原，孕育了優質的池上米，花東的米口感真的好吃，雖只是一個便當，但饒富黏性的米質讓人回味。

發現有些台灣女生還無法住男女混房，但對鱷魚來說，其實住混和房不會不方便，因為房間只是住的空間，夜晚男士們僅是打呼聲大些，戴上耳塞就解決。且男性整理行李大多乾脆迅速，很少慢慢來的。今晚的女生房才是場災難，因為一半是女大生，正逢愛美的青春年紀，女生通常是一件物品裝入一個袋子，然後這個袋子再裝入另一個包裡，最後放入行李箱內。行李箱的拉鍊聲超大，她們怕吵到人拉得更慢，所以睡前是各種拉鍊聲的大合奏啊！

我啊！開始懷念混合房了。

池上 ▶ 瑞源

已走	住宿	共花
26 公里	**427 元**	**776 元**

獨自一個人走，考驗一一而來。

池上一帶的田埂多半由石頭堆疊而成，和南部非常不一樣。嘉南平原的農夫會利用田邊空地，種些番茄或蔥等蔬菜，池上很少看到這種小菜園，放眼就是一片水稻。因為花東縱谷地形是坡地，用土埂是撐不住梯田的。據說石埂取材於溪谷石

池上到瑞源一帶的稻田，近期進入插秧期，休耕期許多農田都種植油菜花當土地肥料，黃澄澄色調讓人想起「黃金稻浪」迎風搖曳之美，這段路上的田埂大都以鵝石砌成，有種海洋氣息，是種美麗的畫面。

頭，只要幫每塊石頭找到最適合位置，讓石與石緊密接合，就能穩固不搖。徒步台灣超過半圈，觀看田埂風情也挺有趣，特殊農田面貌造就稻鄉地景，旅行不就是要發現新事物嗎？於是我卸下背包拿出畫冊，收藏在鱷魚的寫生本內。

　　長長一段路沒有加油站和隱密處，鱷魚只能跟店家借廁所。「源天然」採用自然農法耕作，以小型觀光農場方式展售好米，老闆人很親切，讓鱷魚順利解決人不能忍之苦。

　　在玉里青旅遇到的徒友弟建議，路經關山，別忘了去吃知名的臭豆腐，他說：「玉里人都說關山的比較好吃。」鱷魚一

早只喝了一杯水和一顆橘子，打算以臭豆腐為早午餐。池上到關山距離 10 公里，而就在抵達關山前 2 公里，經過一台紅色轎車，女車主站在車外賞風景，一會便聽到她問：「妳需要搭便車嗎？」在台北任教的她正在放寒假，回故鄉池上與朋友聚會，非常巧，我們的目的地都是關山臭豆腐。她的朋友帶女兒一會也到了，鱷魚最後和她們共桌吃美食聊天。

昨天的玉里臭豆腐可能因近期九層塔太貴，僅有幾片葉子提味，所以沒以前好吃；但關山這家臭豆腐外酥內軟，用蘿蔔絲和香菜增加清爽感，更凸顯炸物的美味度，不枉費特意走來吃一盤。

用 google 查看關山還有什麼美食，看見火盛食品行有美味的紅豆吐司，可惜下午才出爐沒機會品嚐，買了店家的丹麥吐司配咖啡當中餐，是 B 方案。「咦！好熟的聲音！」竟然遇到台南的學生雞母珠，她這幾天來關山帶小獵人營隊。他鄉遇故知總是讓人興奮，加上好久不見聊了一會，原來她是玉里人，推薦鱷魚去買三美花生酥。花生酥做法跟一般麥芽糖裹花生不同，不但不黏牙，且口感是脆脆的，超出我預期的涮嘴，好氣我只買三條，應該買一打路上慢慢吃。

繼續走著跟台 9 平行的鄉間路，導航帶我走到豐源圳，然後莫名其妙來到沒有路的地方，眼前只有比人高的雜草，觀看草堆有人踩過的痕跡，但不是很清楚。大膽的鱷魚沒在怕，撥開草叢獨自走入，然後滑下去才發現下方是乾涸的小溪谷，原來這是加典溪，而我在最底部的溪底。看著上方滿是草堆，戴上手套防止割傷，抓了草努力爬上去，第一次因為背包太重滑

下，之後試了兩次終於攀上，完成此次徒步最驚險的事件。

這次事件覺得自己實在太冒險了，萬一下方是湍急的溪流，不會游泳的鱷魚不就糟糕了？雖然膽子大，下次還是不要做如此危險之事，萬一出事家人會傷心的。

不久走到僅有區間車的瑞和車站，沒有站務員服務的小站。門口有幾位女士親切地說「歡迎光臨」。好奇心走入才知是社區租下站體空間營運，販售平價自製飲料和在地特色商品，還有營地供人露營。鱷魚點了一杯洛神花茶和大家閒聊，她們推薦我可以去看二層坪水橋的波斯菊。不算順路但也不會太

早餐 **關山臭豆腐**

香菜　蘿蔔絲　臭豆腐(小)
50元

油麵條乾麵 50元

關山點心
三美花生酥
一條12元

關山市場裡面的三美餅舖
花生糖很好吃，
可以買一兩塊路上補充熱量。

嬌啊！怎麼這麼好吃，跟我之前吃過
的不一樣，是不黏牙且脆感的花生糖，
下次要回到關山買整盒。

中餐 **火盛製餅舖**

丹麥吐司
85元

這家關山的老餅舖，以紅豆吐司
出名，但下午才出爐來不及買，就
買一條丹麥吐司，其實也很美味。

懶得出門，所以吃泡麵

晚餐
泡麵一碗

我是泡麵

遠，於是繞道去看粉紅色花海，真的非常漂亮，忍不住自拍許
多相片。結束後居然飄雨了，實在不喜歡雨天步行，雖然只剩
6公里，但還是決定捨棄鹿野，參觀完花海後直接自瑞源搭火
車直驅台東。

　　今晚住宿的青旅位於台東火車站附近，十人混合房一床
427元，管家小八漂亮年輕又熱情，讓這家青旅增添青春感，
但附近實在沒有店家可用餐，鱷魚又不想吃超商便當，於是跟
青旅購買一碗泡麵，拿出沒吃完的丹麥麵包當晚餐。

今晚青旅舉辦〈寫一封信給一年後的自己〉活動，鱷魚和幾位年輕人一起參加。期待明年此時，有一封來自過去的訊息，捎來當時的心情。

◆與有緣人一起吃關山臭豆腐。

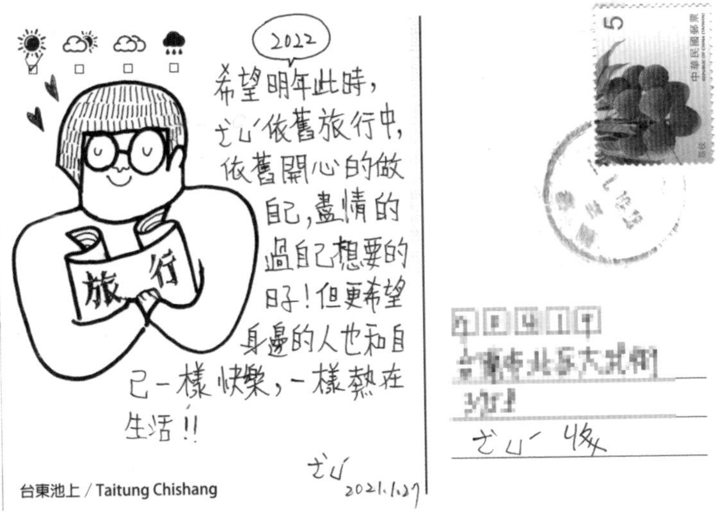
2022
希望明年此時，
ㄊㄩˊ依舊旅行中，
依舊開心的做
自己，盡情的
過自己想要的
日子！但更希望
身邊的人也和自
己一樣快樂，一樣熱在
生活！！
旅 行
ㄊㄩˊ
2021.1.27
台東池上 / Taitung Chishang
5
中華民國郵票

◆ 2022 年 3 月收到當時的明信片。

鹿野 ▶ 台東

已走	住宿	共花
21 公里	427 元	712 元

台灣不大，但是美景無窮無盡。

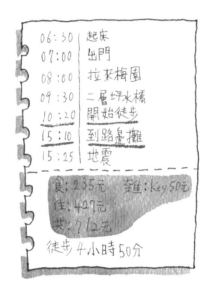

06:30	起床
07:00	出門
08:00	拉來梅園
09:30	二層坪水橋
10:20	開始徒步
15:10	到路邊攤
15:25	地震

食：235元　　交通：Key 50元
住：427元
共：712元

徒步 4 小時 50 分

　　昨晚跟青旅管家小八聊到，二層坪水橋目前是粉紅色花海。小八問：「想再去看一次陽光普照版的波斯菊嗎？」於是一早跟小八去賞梅和賞花海。拉來梅園位於最美線道 197 路上，小八騎著摩托車帶鱷魚到一處高地，盛開的梅花是前景，後方層層山脈有雲有霧在山頭。一早能在梅園欣賞滿山梅花，非常幸運。

二層坪水橋

　　小八騎著摩托車載我往瑞源，沒錯，我再回二層坪水橋看第二次花海。有陽光就是不一樣，照片更清晰迷人。最後請她再送我到鹿野車站，今天計畫由鹿野走回台東，接續未完成的路段。導航指引的路線跟小八騎車載鱷魚的路竟然一樣，所以鱷魚又重複來時的景色，但是用走的角度讓人更回味。

　　197 縣道位於海岸山脈，可觀看對岸的中央山脈景色，難怪被稱為最美縣道。一路上有小村落可以買水，卻沒有小店販售熟食，幸好鱷魚有準備飯糰充飢。20 公里路沿途景致優美，挺不錯的步行日。

途中經過幾個原住民部落，路口有塑像歡迎客人光臨。鱷魚走入中野部落，見到正在製作粗獷的原民桌和椅子的先生，他驚訝地問我怎麼會走到這裡。閒聊一會得知他曾在三義雕刻木雕，目前回鄉定居，除了接單雕精緻的雕刻外，也製作粗獷感的原住民風。他說這些要放在園區內，如果來參觀的人喜歡可以採購。他的園區有和旅行社配合，偶爾會有觀光客到訪部落，難怪鱷魚路上看到不少福斯 D4 車往來，猜想應該是小巧深度旅行團的活動。

　　197 縣道上有「利吉惡地」，利吉混同層是指孔隙小、滲水性差的泥層，其表層看似堅硬，大雨卻會侵蝕表面，讓山壁上留下一條條雨蝕溝，像月球才會出現的場景，與岡山月世界有相同的地質，是東台灣惡地層，因此又名為「利吉月世界」，是全台重要的七座地質公園之一，也是國家第一級保護區。

　　花東縱谷國家風景區管理處為便利遊客近距離欣賞地質景觀，設置了利吉惡地地質公園。沿著木棧道更方便觀看惡地地質，讓人讚嘆經驗台灣地質之美。地質公園對面有一間農產

◆粗獷的木雕桌椅。

◆利吉大橋是觀看利吉惡地的好位置。

行，二月正好是釋迦產季，十多名工作人員忙著分裝「惡地釋迦」。因為惡地土壤含鎂、鐵量特別高，在惡地開墾就是依據惡地的泥岩地形栽種，種出的農作物有特殊風味，據說甜度破表。

　　利吉大橋是觀看利吉惡地的好位置，開闊的視野將荒涼感的地貌盡收眼底。不過橋上風挺大的，鱷魚小心走著，過了橋距離台東市就近了。快回青旅前見到一家麵攤，一早只吃了吐司和三角飯糰及花生糖，難怪餓到咕嚕叫，太餓的人不能點餐，量又超出鱷魚的胃容量，撐著飽飽的肚子才開心地回青旅。

很像走路的樹的樹!!→

利吉惡地 197

4-2

←拉米梅園

今早小管家「小八」戴ざ山去賣梅、觀花海時走了197線道,號稱全台最美的省道。車少沿途綠意,但就是沒賣食物的地方兩部落販售煙酒。自鹿野車站走回台東青旅時,谷哥就指引我走這條美而美路線。

33元

早午餐。

一早和民宿管家小八夫
乘去賞花,七點準時出
門,只吃三片昨天剩下的吐司,開
始徒步前買了一個飯糰,昨天還有
沒吃完的花生糖,20公里4小時
間就吃這些,快餓昏了!!

菜花子30元

蘿蔔30元 + 魯豆腐30元

路邊攤。

魯肉飯50元
(還是櫻桃媽煮的
好吃)

走了20公里終於快到民宿,眼睛瞄到有一家
賣米粉湯的小店,此刻能吃到熱食太幸福了,
但太餓的人不能點餐,本小姐不小心又點太
多,但胃非常滿足.

超商晚點心

蝦味先
SHRIMP STRIPS
25元

35元

Day 34
1/29 （五）

台東（休息日 5）

已走	住宿	共花
13 公里	**521 元**	**1,826 元**

新旅伴的加入，讓旅程充滿意外的驚喜。

09:10	出門
10:00	阿杜腳踏車導覽
13:00	味軒中餐（阿杜請客）
15:20	搭內溫泉線去知本（$21）
16:20	忠義堂泡湯（樂捐100元）
17:17	公車回轉運站
21:10	鐵花村找蕃茄
23:00	吃薑母鴨
24:40	回青旅

食：243元．行：42元
住：521元．雜：750元（胸針）
　　　　　　　　100元（泡湯）
共1826元　　100元（蕃茄）
　　　　　　　　 70元（菜）

阿杜

他台上風趣,說是表演工作,台下完全不太一樣;
嚴肅不太笑,偶爾才說一句笑話,話語中充滿人生哲學。

　　台東青旅遇見不少有趣的人,曉珊是其中一位。她問鱷魚要一起騎單車嗎?她在金崙遇見的新朋友小可,邀她一起參加單車導覽。今日是鱷魚的休息日,跟著去玩剛剛好。還好今日當了跟屁蟲,我們加入國泰人壽的團體導覽,遇見幽默的導覽員阿杜,單車來回距離不過 5 公里卻笑聲不斷。花三小時聽阿杜敘述沿途的趣味故事,尤其嘗試臥軌真的很難忘。

　　導覽結束後,和曉珊、小可還有阿杜去吃中餐,同樣位於糖廠內的台菜館,料理美味價格還很平實,最不好意思的是還讓阿杜請客。

　　原本計畫步行 16 公里去知本，但中餐結束已經三點，如果徒步可能要走到六點多才能到，不想那麼晚還在路上走。想起小八告訴我，記得去忠義堂泡湯，體驗廟裡泡個人池的特殊體驗。可以先步行到鐵花村搭鼎東客運 8129，一小時約一班，於白玉瀑布站下車，下車處後方就是忠義堂。廟的二樓有多間湯屋，開放時間是上午七點半至晚上八點半，費用採隨喜方式投入樂捐箱。當地人會帶著洗髮精沐浴乳前來，外頭就幾張椅子，不用抽號碼牌，大家有默契地知道輪到誰，個人湯屋空間很大，簡樸但還算乾淨。此外廟方也提供膳房入住，除過

青旅Free早餐
免費早餐很豐盛，自己泡咖啡、切水果、烤麵包和煎蛋!!

55元
麥當勞咖啡
吃完豬排餐，看到附近有M，買杯咖啡坐下畫點圖。

洗完溫泉搭公車回台東轉運站，突然看到街上這家乾淨的食堂，快速下車衝去吃，好吃又平價，呵!呵!

熔岩豬排188元
晚餐
小俩口親食堂

中餐 味軒
高麗菜(S)
水煮牛
鹹蛋苦瓜
塔香煎蛋
位於糖廠的台菜店，看似平凡卻道道美味且不貴，四菜1000元，結果阿杜請吃，真抱歉!

年期間一房 1,000 元外，其餘時間也採功德隨意捐，蠻適合想泡湯的徒友。

　　泡完全身通體舒暢，全身暖呼呼的讓人很放鬆，原本還想去知本老爺體驗一下貴婦版裸湯，但一整天下來真的累了，決定搭車回台東找朋友蕃茄敘舊。

　　回程公車經過一家店，看起來明亮乾淨，趁著有人在這站下車，鱷魚也趕緊下車吃晚餐。小倆口親食堂是間家庭餐館，剛開幕客人並不多，好大一區是兒童遊憩區，現點現做的套餐便宜好吃。餐後散步到鐵花村找蕃茄，她島內移民至台東有十年了，在鐵花村販賣明信片，應該蠻多旅人跟她買過。好久不見的大女孩越來越漂亮，好人緣的她一直有朋友來找她聊天，等她收攤後我們一起去吃薑母鴨，十二點半才回到青旅。

　　蕃茄隔天告知，送我回去後不久，她的車在路上拋錨。大半夜的一個女子牽著摩托車回家，對她真是不好意思。

◆番茄妹的明信片攤很吸引旅人。

Day 35

1/30 (六)

台東（休息日 6）

已走	住宿	共花
10.5 公里	**521 元**	**1,251 元**

這段旅程相當熱鬧，
每天的進行曲都讓我期待。

> 09:20　出發
> 10:50　公東教堂導覽
> 12:40　早午餐
> 16:00　紅葉野泉
> 18:25　回青旅
> ------------------------
> 食:740元・住:512元
> 共1,252元

　　抵達台東前三天，突然想起還沒去過公東教堂，於是先上網預約參觀，萬一核准就去看看這間知名的建築。昨晚邀蕃茄妹陪我一起去，沒想到她還沒去過，正好結伴參觀。時間是上午十點整的導覽，曉珊昨晚聽到這訊息，也跟著一起去。

訪 ⑦ 友

珊珊

蕃茄

紐約客牛排鬆餅佐
奶油波特醬 $320

沙拉 $180

蒜辣蝦炒茄佐歐式小圓麵包
$280

　　民國四十六年，瑞士天主教白冷會的錫質平神父，募款創設以技藝訓練為主的公東高工。校內有棟灰白色建築，似一艘方舟的清水模大樓於 1960 年完工，由瑞士工程師達興登(Justus Dahinden)所設計，發想來自於建築大師柯比意(Le Corbusier)的廊香教堂，以及拉圖雷特修道院的清水混凝土運用手法。四樓高的外觀曾是台東第一高樓，而公東教堂位於頂樓。

　　負責解說的是學校老師，適巧也是公東高中畢業，分享了他跟學校的關係以及教堂的故事，很難想像已經導覽無數次的他，說到感動處還會眼眶泛紅，真摯的情感讓大家感受到那份悸動，鱷魚的眼角也跟著溫熱起來。大樓於九二一大地震時毀損，一度被列為危樓，校友捐款才得以補強維持現貌，教堂內有一只捐獻箱，募款教堂的維修費用，參觀的人紛紛投入贊助費，期待這棟被世界建築文物保護基金會(WMF)評選為「世界三十棟重要現代建築」，再回復往日英姿。

　　結束精采的導覽活動後，蕃茄妹約我們去吃網紅早午餐。果然名店要排隊，約等二十分鐘才順利入座，美式軍風的硬派裝潢，料理和擺盤很有品味，工作人員親切也貼心，受歡迎是有原因的。餐後蕃茄妹問：「要不要跟我衝紅葉野泉？」鱷魚回覆沒帶泳裝如何去，於是她速速回家幫我準備一套便服換穿，我們用時速七十飆車前往。

　　紅葉野泉是她的台東私房景點，位於台東延平鄉紅葉村的白橋野溪溫泉，水質屬於白磺溫泉，牛奶色澤帶淡淡硫磺味，是在地人的私房野泉。溫泉自岩壁流出的溫度超過五十度，必

須混冷水才有辦法泡湯。溪床旁搭建陽春更衣室，還有簡易的沖水設施，免費的自然野泉竟然有如此感人的設備！

　　慶幸有來泡野泉，此次徒步環島泡過最棒的泉質，感謝蕃茄妹分享給我，超驚喜的野泉經驗。

紅葉野泉

◆公東教堂內部。

◆第一次泡野泉。

Day 36
1/31（日）

知本 ▶ 華源 ▶ 金崙

已走	住宿	共花
25 公里	**450 元**	**1,255 元**

緊鄰山，沿著太平洋的輪廓走著。

```
06:25  起床吃早餐
07:17  搭火車到知本
       (全票20元)
09:10  開始徒步
10:30  華源海灣寫生
11:30  再次徒步
12:40  中夕
13:15  再次徒步
15:05  入住
-----------------
食：535元
住：450元
雜：泡湯 250元
行：火車20元
共：1,255元
徒步 7 小時
```

　　煎顆蛋，烤片土司，再泡杯紅茶，幫自己製作一份美式早餐。青旅的交誼廳只有我一人，安安靜靜地補充熱量，再出門徒步去。昨晚看好火車時刻，青旅步行到車站僅要七分鐘，先搭火車到知本，再由知本走到金崙。

　　沿途的閃爍茉莉（又名煙火樹）開得誇張，原產地是菲律賓，於春季開花，花期大約四至五週，這時節就是賞煙火樹的季節。路經超商郵寄東西，確認之後的天氣遇到大雨機會小了，風雨衣就足夠應付，因此把雨褲和一小疊畫稿先寄回家，讓行李再精簡。

今日正式踏上南迴公路，蔚藍的天空，普魯士藍加上綠松石的海，白浪規律地拍打沙灘，沿途的海景實在讓人心情大好。步行 7 公里到了太麻里最迷人的華源海灣，觀景台可眺望如微笑幅度的海灣，天氣好時有機會看到綠島和蘭嶼呢！觀景平台上有家咖啡攤，附設看海露天座。要離開台東了，先買兩顆釋迦解饞。正好得知老闆和先生及孩子在附近種釋迦和咖啡，支持產地小農喝杯台灣咖啡，啜飲著熱飲，望著東海岸最平坦的微笑海岸線，價值一百分。

休息時遇見一位男徒友，剛退休的他元旦出發環島，每天行走 35 到 40 公里。我們交換一下住宿資訊，閒聊一下就告別，祝彼此一路順風。

南迴公路屬於台 9 線一部分。2011 年進行南迴公路改善工程，這條「台灣最美公路」於 2019 年底完工，北起台東市，途經南迴四鄉太麻里、大武、達仁、枋山，南至屏東獅子鄉草埔村，全長 100.7 公里。南迴公路一路依山傍海，遼闊無際的海與天連成一線，視野非常舒坦。

走到大鳥遊憩區上個洗手間，這是南迴公路上最棒的休息站，有販售攤，還有觀海的涼亭。此刻只有海的陪伴，一邊看海聽浪濤聲，一邊愜意吹著海風，有何事比此刻還愉快啊！這段路上不少販售釋迦的小店，不怕借不到洗手間。一台停在路邊的車搖下車窗，問鱷魚要搭便車嗎？婉拒對方，繼續前進，因為姊很享受南迴公路的看海路況，要用雙腳一步步欣賞。

繼續走著，眼前出現一棟五彩繽紛的建築，原來「大武彩虹村」到了。大武是太麻里往南走後，最熱鬧的村落。大武彩

華源海灣

位於南迴公路上的美景，擁有寬廣的美麗沙灘地形，有很棒的觀海位置。本想走10公里再休息，但如此美的海景怎能錯過，買白東好吃的釋迦和台灣產的咖啡，當個悠閒的旅人，放鬆心情欣賞自然的禮物。

　　虹村的居民來自於陡坡上的富山部落，2009 年的八八風災，村子遭受土石流淹沒，於是遷村住入山下的永久屋。在得利油漆贊助下，不少住戶參與彩繪計畫，讓整個部落變得五顏六色，期許部落展現熱情十足的活力感。

　　老實說，走南迴公路挺危險，車速快到沒有再客氣的，鱷魚是逆向行走，讓駕駛員看得到我的臉，我也看得到車況，對彼此都比較安全。上路前沒研究過南迴路況，難怪我回來後，大家都問：「有走蘇花公路和南迴公路嗎？」危險是真的，但景色值得回味再三，過了太麻里後，公路緊貼著海行，美不勝收的太平洋寧靜得讓人心安。陽光灑落在海面上，閃著魚鱗般的光澤，海風輕拂在臉上，不自覺地哼起陳建年的〈海洋〉。抵達金崙前的路段真是一道美景，用步行的緩慢觀看剛好。

關於今晚的青旅，路上遇過三個人都推薦我去住，這麼受關愛的住所當然要入住！三點前抵達金崙青旅，四人房一床450元，可免費洗衣和脫水。老闆娘多美是排灣族，嫁給阿美族老公，這幾年回家鄉經營民宿，她誇獎我走得很快，因為這段有山路，一般人都沒走這麼快。哈哈，這誇獎讓鱷魚應該要驕傲吧。

多美建議晚餐去吃講蜜蜜的特色餐，點完餐需等半小時，鱷魚決定走到附近繞繞，穿過隧道到金崙海灘看落日。太平洋的浪花拍打著石灘，只有幾位遊客坐著看海，耳邊只聽見海浪聲一波又一波，像首安眠曲。改良式的排灣族獵人餐很有特色，據說獵人帶米和醃製品去打獵，餓了就找山菜煮成粥，搭配醃菜成一餐。在餐廳巧遇同房的室友，移居加拿大多年的她因為疫情回台看媽媽，趁逗留台灣期間小旅行，我們共桌聊天當飯友。

來到溫泉鄉當然不要錯過泡湯機會，金崙溫泉屬於弱鹼性碳酸氫鈉泉，泉溫約七十度至九十九度間，清澈透明，帶些硫磺味，是可飲用的溫泉。多美推薦我到日本人開的三和民宿泡個人湯屋，空間整理得非常乾淨，一小時費用250元，多麼實惠的個人湯屋。最後到超商整理畫稿，多年沒來金崙了，四處都在整建，下次來應該增加不少旅館，南迴小村變成觀光小鎮了！

遺憾的是沒機會體驗多美的羊角勾鑰匙圈。因晚上多美沒空，隔天一早我卻要離開。但我喜歡這家青旅，喜歡親切的多美，我會再回來的。

◆花東的煙火樹很多。

◆穿越涵洞去看金崙日落。

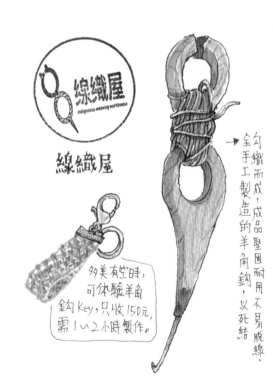

線織屋

多美有空時，
可体驗羊角
鈎Key,只收150元,
需1∿2小時製作。

全手工製造的羊角鈎，以死結

勾織而成，成品堅固耐用不易脫線，

全篇晚餐 **講蜜蜜。**

多美介紹的在地特色餐，以部落獵人稀飯為主打餐，吃得到食物的原味，店內設計有原住民風情，配色很特殊。

「比奴拉姿安」
這道稀飯是
原住民上山
打獵的
主食，以
米加找
到的野菜
煮成。

預約席
RESERVED

靖魚山地飯 260元

無糖溫紅茶
（贈送）

因為現
煮要等20~30分，所以先
訂餐，然後去逛逛後再
回來吃。

太麻里中夕
展哥平價美食。

剝皮魚湯
60元

梅干鴨肉飯 30元

快到太麻里前，路上有一家
小吃店，瞄到梅干鴨肉飯，
決定進店吃中餐，店才開4天，口味不錯又便宜。

194

Day 37

2/1（一）

金崙 ▶ 多良 ▶ 達仁

已走	住宿	共花
32 公里	**500 元**	**962 元**

出發後，證實台灣最美的風景是人。

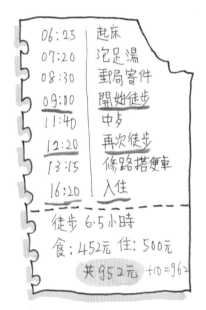

```
06:25   起床
07:20   泡足湯
08:30   郵局寄件
09:00   開始徒步
11:40   中�être
12:20   再次徒步
13:15   修路搭便車
16:20   入住
- - - - - - - - - - - -
徒步 6.5 小時
食：452元  住：500元
   共 952元 +10 =962
```

去上廁所，沒有衛生紙！！收清潔費10元，多良車站今天開始正式

太麻里鄉公所
多良車站清潔費

清潔費每人 10 元

收執聯

000067

注意事項：
1. 本票券限當天使用
2. 本票券不包含內灣新傳木工坊入場使用

日期 110 ● 02 ● 日

太麻里鄉公所 出品

　　昨晚泡完湯屋出來，三和民宿的門口有幾位住戶泡著足湯，她們說是「日本老闆設立無料泡足區回饋鄉里」，因此鱷魚決定先去吃份美味早餐，離開金崙前再來泡免費的足湯。一早泡熱呼呼的美人湯真的舒服，讓暖意由腳心暖到心窩。接著去

郵局寄一件包裹，把羽絨外套、手套等一些小物寄回家，行囊越輕人越輕鬆。負責郵件的大哥對我說：「妳確定不留著外套嗎？萬一天氣變冷會感冒。」小村的人總是親切，隨口的一句關心讓人感動。

鱷魚特意逆方向繞往上坡，因為這樣才能走金崙大橋，用徒步速度欣賞全台最美高架橋的風景。大橋筆直寬闊，在橋上感受居高臨下的遼闊，遠眺漸層藍的太平洋海景，無盡連綿的大武山，公路與海洋幾乎無縫接軌，海天一色，彷彿馳騁在大海上，順著太平洋的輪廓走，讓人置身在無法言喻的壯闊空間。

快到多良車站時尿急，卻看見車道上停滿汽車。2006 年廢站的多良因為可以看到火車行駛出隧道，左邊是蔚藍太平洋，右方是蒼綠山脈，構成一幅鐵道美景，成為全台最美車站。居高位置是眺望太平洋美景的好地點，成為南迴公路上必訪的景點，必須爬坡走到最高處才是廁所。今天是多良車站收費第一天，票價十元，新聞報導今日超過兩千人次，門票收入挺可觀的。以前多良人少時很好拍火車，現在拍人潮比較簡單。

過年前是道路維修的大旺季，到達仁前道路施工封閉車道，一位工程人員怕我走在維修路段內行走危險，開車送我到安全區，真是足感心的啦！

南迴公路的村落不多，路上看到超商的廣告牌寫著「一公里」，有如汪洋中的游泳圈，開心地讓步伐更快。過了大竹溪後看到超商，是這段路上唯一的廁所。先在隔壁賣農產品的小

荷包蛋10元

溫豆漿15元

早餐吃了梅。
全鎮有四家早餐，看了一下評價，距離青旅最遠的分數最高。生意很好加上現做原因，等了二十分才吃到，豬柳三明治很好吃，10元荷包蛋還可指定半熟，豆漿濃有到500cc容量，老闆也是小帥哥，夫妻服務態度好。

豬柳三明治35元

全家中餐

花生三明治30元

芒果冰菜25元

煮玉米

玉米40元

阿亮香雞排
一堆炸物190元
太餓的人不能點餐，入住後趁洗衣服空檔去買晚餐，一大袋鹹酥雞和2罐冰及咖啡，東西實在太多吃不完也喝不完!!

多喝水×2

多喝水×1

中熱美35元

攤買根玉米，坐著和老闆娘閒聊。她住在附近部落，年輕時嫁到高雄，離婚後回到故鄉營生，她用爐火煮玉米是為了省錢，因為山上的木頭不用錢，還養了一隻羊妹妹陪她做生意。風徐徐吹來，睡意悄悄來訪，鱷魚問會顧攤顧到睡著嗎？老闆娘說：「常常啊！客人不多只能看車，跟數羊一樣，不小心就睡著了！」鱷魚學她坐著看車，什麼事都不做，靜靜地放空，覺得心境很放鬆，或許這就是豁達吧！

　　五點半到達仁，原本要去住另一家民宿，但路上看到有個寫著民宿的招牌，順利訂到500元雅房一間，附設免費洗衣，整理完後天色已黑，路上沒什麼路燈非常暗，鱷魚差點被一台時速七十以上的大車撞到，有點小驚嚇。

　　手拎著一大袋鹹酥雞當晚餐，要帶回住所吃的，垃圾食物偶爾很慰勞身心靈。

南台灣

▶ ▶ ▶ 屏東 | 高雄 | 台南

Day **38~45**

Day 38

2/2（二）

達仁 ▶ **壽卡** ▶ **旭海**

已走	住宿	共花
26 公里	**500 元**	**797 元**

南迴公路，慢活旅人的公路。

08:00 出發徒步
08:40 碰到單車x2
11:40 壽卡休息
12:15 再出發
15:05 入住

徒步6小時
食：297元・住：500元
（小木屋）
共：797元

　　南迴公路沒有太多的喧囂，在這條沿海公路上徒步，會被眼前的藍色大海與翠綠山巒吸引，一種大自然給予的療癒，對身心靈有無價的療效！如果繼續走南迴公路，勢必得轉向走往楓港，意味將告別太平洋，鱷魚捨不得離開無敵海景啊！

前幾天一直考慮是直接走到楓港，還是往南到恆春。拿出紙筆計算天數，走恆春也來得及在小年夜前回家吃團圓飯，鱷魚決定往恆春半島前進！

舊南迴公路為舊台9線，目前更名為台9戊線。離開民宿先前往壽卡（舊名壽峠），跨越安朔橋後，7-11安朔門市是最後一間超商，買了咖啡、麵包和點心帶在身上。南迴改（台9線

南迴公路拓寬改善後續計畫）於 2019 年通車後，舊公路基本上沒車，跟舊蘇花公路情況一樣，變成機慢車和徒步者的天堂，慢活旅人的公路。

　　導航指引走入台東縣最南端的村落森永村（Mulinaga），民國四十二年由排灣族舊社大古（Talilik）以及鄰近的古達阿斯（Gutanas）、慶帕蘭（Chinpalan）等部落遷移至此。舊址是日據時期的森永星奈園株式會社，當時種植奎寧、咖啡和茶，村名沿用農場之名。路上看到一個險升坡 12% 的警示路牌，果真是一路上坡啊！坡度之陡連兩位騎單車的年輕人都下車用牽的。

早餐＋中午

中熱美 33元

雙蔬鮪魚 30元

統一麵 10元

吃不完成隔天的午餐！！

貝殼流沙包 35元

點心

晚餐

牛肉燴飯 150元

潘朵拉咖啡簡餐（唯一的一間）

6丁40元（香蕉條糕）

森永派出所是村子最高處，看到派出所後路線又接回台9戊。走幾公里後是五福山福德宮，它位於稜線上，視野非常遼闊，觀景平台是俯瞰藏橋於林的安朔高架橋好位置，將這條「南迴巨龍」一覽無遺。長達6.3公里的安朔高架橋，蜿蜒橫跨安朔溪及五福溪，採用三種橋樑工法施工，七十二支橋墩各有三十層樓高，以避免破壞山林，減低環境對動植物之危害，獲交通部金路獎工程類第一名。

　　台9戊10K路旁有一處視野極好的觀音亭，原地名為「歸田」。南迴鐵路通車前，在地榮民搭蓋鐵皮屋販售熱食，往來東西部的夜間貨車會在此處休息，司機大哥們稱這裡為「山寨」。1992年通車後公路業務沒落，老榮民蓋了小廟供俸觀音保佑路人平安。2019年新南迴公路完工後，台東縣政府搭建涼亭及觀景台，讓沒有大車搶道的慢活公路，多一處讓旅人休息賞美景之地。此處可以見到塔瓦溪出海口，據說起霧時有如人間仙境，天氣好時還可以遠眺蘭嶼。

　　壽卡是台9戊最高點，爬升達460公尺，壽卡鐵馬驛站原本是警察局，現在是徒步、單車和機車環島者的中途休息站，

◆俯瞰「藏橋於林」的安朔高架橋。

提供廁所以及飲水，是往來東西部的重要休息站。抵達壽卡就進入屏東了，這裡是兩縣市交接處。鱷魚脫下鞋子休息，拿出食物補充熱量。正巧，捷安特的環島團到訪，一群騎單車的小勇士剛抵達壽卡，忙著拍照和用餐，超過百人陣仗讓此處笑聲連連。他們如旋風來襲又快速離開，留下幾位單車環島人士和鱷魚，耶！終於換我們拍照了。

如果要往楓港則沿台 9 戊繼續走；如果要到恆春則走屏東 199 縣道。199 縣道因施工暫時封閉，鱷魚因為徒步沒有被禁止。路上幾乎都沒有車，對徒步者來說反而更安全，幾位由恆春騎單車到壽卡的男士說，他們是趁看管人員不注意偷騎上來的。

玉里青旅同房的兩個弟弟說壽卡到旭海有近路，199 縣道的某處路口下切即是。鱷魚昨晚上網查一下還真的有，走到東源往旭海路口時，被一堆禁止進入的施工牌擋著，心想：「捷徑 199 甲線可以省走 8 公里，不要跟自己過不去。」往下走都是超陡坡，突然聽到陌生聲音，原來遠方樹叢躲了兩隻猴子，眼神跟我對到便快速地逃走。這段路有不少猴子，幸好不像柴山那些不怕人，只高高躲在樹上，也就放心了。

走約一個小時終於抵達旭海村，一個依山面海的漁村型部落，緊鄰著太平洋。清朝及日據時期這裡被稱為牡丹灣（macaran），由恆春半島斯卡羅族開墾定居而形成聚落。後來排灣族、阿美族、平埔族、客家及閩南族群相繼來開墾，於是形成族群融合的聚落。

此地最著名的是旭海草原及旭海溫泉，今天是爬山行程，

走到旭海社區已經累了，實在沒體力去看大草原；而生理期今早報到，當然無緣泡旭海溫泉，這是唯一路過卻泡不到的溫泉。今晚入住一人小木屋 500 元，小小的非常可愛，但是木門有縫不緊閉，夏天來住會被蚊子叮哭吧！

　　晚餐走到街上，只有一家簡餐店營業，買了一份牛腩飯帶回去吃，不久颳起大風，晾乾中的衣服被吹到亂七八糟。晚些飄了雨，只能躲入我的小木屋躲雨。夜深，沉沉地睡去，期待明天的到來。

舞浪園民宿

今晚好像住娃娃屋，像小女孩玩家家酒似的放大版住屋。

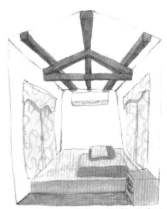

双人床位，附有冷氣，雖設備舊些，但 500 元能住這種房要感恩。

Day 39
2/3（三）

旭海 ▶ 滿州 ▶ 港口

已走	住宿	共花
27 公里	460 元	715 元

盡情享受，山和海的唯美交織。

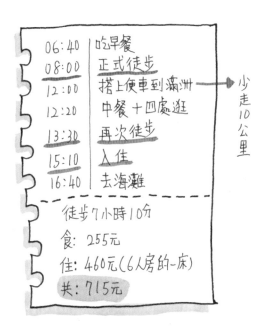

```
06:40   吃早餐
08:00   正式徒步
12:00   搭上便車到滿洲    → 少走10公里
12:20   中餐＋四處逛
13:30   再次徒步
15:10   入住
16:40   去海灘

徒步7小時10分
食：255元
住：460元（6人房的一床）
共：715元
```

　　昨晚有兩組團體入住，是兩個家庭組成的親子單車環島。他們六位要跟民宿主人走阿朗壹古道，加價 70 元就有熱騰騰早餐，讓大家填飽肚子進行健康活動。

早餐 旭海

住宿處提供的自費早餐，一人70元
非常豐富，除簡單的粥和小菜外，
還炒了二個菜，有吐司、饅頭和豆
漿，吃超飽我們。

滿洲 中餐 霞的店
圓環附近的店，好吃也不貴。

綜合魯味(小) 50元

兩來菇餃 10顆 70元

紅芭樂＋火龍果汁
40元

雨來菇

是一種藍絲菜，並不是菇喔！

有情人眼淚之稱的雨來菇，
早年只在兩季過後出現，
所以有浪漫的外號。因低
熱量和脆脆口感，被恆
春半島居民稱為「草木耳」，
是餐桌上的在地美味。

港口 晚餐

泡麵

中午吃太飽，港
口這小村的店只
開到18:30 (可能
更早關)，海灘回
來後小睡一下，吃
碗泡麵當晚夕。

　　民宿距離阿朗壹古道（又稱阿塱壹古道）入口很近，一早
經過看到很多解說員等候遊客到來。這條 8.4 公里長的臨海步
道，取名「阿朗壹」源於這裡是排灣族安朔部落的舊稱，以前是
原住民打獵路線，後來也成為先民開墾的舊道，是全台唯一沒
有公路經過路段，台灣僅存的高自然度之海岸帶，特有的依山
傍海之景色。

　　申請「旭海－觀音鼻自然保留區」入山證最晚需於八天前
提出，網路系統三十天前提供預約，還需要申請核可解說員
（十五人以下，需一位解說員，每趟 3,000 元台幣）。每日申
請上限為三百人（含保留給旭海社區八十人、南田社區五十
人）。以往僅能自旭海進阿朗壹古道，但從 2020 年十月起，開

放南田社區發展協會帶團走古道。這樣對於順向或逆向的環島
徒友、和有意願挑戰古道的人方便多了。

　　鱷魚臨時決定走往恆春，來不及申請古道入山證，建議徒
友可以提前跟古道健行團（網路很多）或帶團的民宿報名，費
用約千元上下，採單人收費方式，才不用一人負擔高額的解
說費。以前曾看到一則新聞，一位勇腳男士花三十四天走完
1,200 公里大環島，因為誤闖阿朗壹被開罰三萬元。要走古道
千萬要申請啊！

　　我多年前曾走過阿朗壹，路況並不辛苦，全程酷曬無遮蔽
物才是苦，十一月天熱到快中暑。因為自然保護區的關係，一
般徒友都是繞過古道走 199 甲，如果好好計畫申請走阿朗壹，
就可以完全沿著海岸徒步台灣一圈，也值得推薦。

　　不得不稱讚，旭海到港仔這段絕美海景，讓鱷魚慶幸南下
走的決定。美麗弧形的海岸就是「牡丹灣」，也是旭海部落的
舊名。海面寧靜時，有著海天一線的浪漫。落山風時節，驚滔
駭浪讓人敬畏自然的力量，鵝卵石海岸搭配枯木裝置藝術，襯
托這片蔚藍海景有種荒涼
美感。不自覺看著清早的
海，彷彿有雙溫柔的手，
藉由風摸著遊人臉頰。

◆旭海到港仔有絕美海景。

一路上，不停看到紅色警告標誌，寫著「重要軍事設施管制區」。這是中科院立的告示牌。中科院為台灣國防科技研發機構，讓此處有「恆春半島的飛彈基地」、「神祕的國軍 51 區」之稱。沿途一直看到標誌，想著是不是有監控系統對準我，不敢拍太多相片。

　　每年十月到隔年四月有強勁的落山風來襲，在車城、恆春、牡丹、楓港、滿州等地，因為東北季風吹向關係，沒有中央山脈擋住吹往恆春半島的風，有時持續幾個小時，有時數天不停歇。落山風比颱風可怕啊！鱷魚半順向都被吹著走，我試過幾次逆風而行，天啊！終於能體會兩位男徒友為什麼說這 9 公里走得很辛苦，幸好鱷魚行走的方向是半順風，否則會哭著走到筋疲力盡。

　　剛出發就遇到一台工程車問我要搭便車嗎？不久又有一台車問我。遇到超凡海景當然要沿途欣賞，因此拒絕了幾位好心路人。女性徒步還是有優勢，尤其戴上口罩後的鱷魚，年紀看起來小很多，總會遇到熱心人士幫忙，有時會想，男、女遇到詢問搭便車的機率到底是多少呢？女士感覺比較柔弱，機會應該比男性高！連鱷魚走逆向了，還是遇到不少詢問是否搭便車的，性別天生還是不平等。

　　今天很熱，往滿州的路況是沒有遮蔽的公路，頭頂的豔陽曬到汗如雨下，沒美景、沒樹蔭也沒有太多人，我的步伐越來越緩慢，眼前的路似乎永無止盡。距離滿州十公里左右，有台車停下問我：「小姐要搭便車嗎？」一問得知他們要去滿州，鱷魚立馬上車接受好意，少走一段熱昏人的蜿蜒公路。車上的

三位大哥到附近工作，剛結束工程要回家，得知我一人徒步環島，有兩位就分享當兵的行軍情形，還聊到穿絲襪防燒檔的趣事。

「滿州」地名經歷排灣族語、漢語和日語等三種聲調轉化而成。從前排灣族狩獵後，吃剩的獵物隨意丟棄於此，因此臭氣連天，於是用排灣族語的「臭氣（vangecul）」稱呼此處，之後到此開墾的漢人用台語音譯成「蚊蟀 báng-sut）」。日據時期因行政地區劃分，「蚊蟀」音和日語的「滿洲（manshū）」相似，變更名為滿州莊。

港口海灘

衝浪客的聖地，遊客並不多的海灘，面對太平洋，漸層的海洋搭配規律的浪聲，黃昏時刻坐在沙灘上，欣賞自然無敵美景，心很平靜的一小時。

大哥送我到滿州中山路圓環，中心那棵掌葉萍婆是地標，四周停滿汽車和摩托車。下車後看到一家店門口掛著雨來菇水餃，真沒吃過當然要試試味道，點了十顆加上滷菜。隔壁桌的三位女士點了紅心芭樂加火龍果的現打果汁，炎熱的氣候讓鱷魚也加點一杯解暑。

　　餐後喝著果汁逛逛滿州，路上有兩棟巴洛克式樣的老宅，特色都是有拱廊設計。尤宅的外觀以紅磚、紅瓦、山型女牆構成，紅磚牆上還有太平洋戰爭留下的彈孔痕跡；對街的宋宅屋頂已被雜草佔據，變成植物屋頂，殘破的外貌訴說經歷歲月。而鄉公所對面的古厝，是電影《海角七號》女主角友子阿嬤的家，曾經有幾年是網美拍照景點。

　　吃完中餐休息一下，養精蓄銳後再上路，原本今晚要住滿州，但是搭了便車，加上時間還早，決定走到港口。步行7公里抵達港口的民宿，六人背包房一晚460元，附贈超豐富的早餐，實在真感人。

　　落山風強勁吹襲下，許多植物招架不了，但對港口茶、瓊麻、洋蔥而言，落山風創造適合的生長環境，成為「恆春三寶」。港口茶約有一百八十年，武夷茶農朱振淮當年帶著四種名茶，橫渡黑水溝到港口村開墾種植。強烈的落山風與帶鹽分的海風、氣溫高所以日曬充足，加上全台最低海拔的茶區，產出與一般高山茶截然不同，擁有獨特海味的港口茶。而又因為吹海風、吃海霧，所以又稱為「海霧茶」。

　　路上看到「港口茶」多次，民宿老闆建議我可以去試喝。順興港口茶已傳七代，一走入便感覺茶香四溢，老闆娘泡壺茶請

我喝,冬茶和老茶都大方給人試喝。茶湯濃厚順口,香氣持久且耐泡,我買了一小包當伴手禮。和老闆娘聊到落山風,她說在這住久了,連孩子都會判斷風的強度!我想居民一定覺得颱風還好,因為落山風刮起來更驚人。

傍晚到港口沙灘看衝浪,因東北季風助長浪勢,秋冬是最適合衝浪的季節,看著海灘男孩與女孩帥氣地駕馭浪頭,直到影子拖得長長才回家。肚子感到餓時,街上的店都打烊了,只好走到對街雜貨店買碗泡麵,坐在戶外桌上,享用月色下的晚餐。

男子漢 Chill Stay b&b

非常喜歡朝店外看,因為悠哉的坐著,就可以看樹、看山、看雲、看人。可以看到各種環島的方式,單車、机車和徒步。老板阿宏在國境之南工作三年,喜歡家鄉滿洲,不想離開恆春半島,於是把港口老家花一年時間改造,如今剛滿二年,一處安靜小村的舒服青旅,讓人很自在。

Day 40

2/4 (四)

港口 ▶ 鵝鑾鼻 ▶ 南灣

已走	住宿	共花
29 公里	400 元	735 元

黏人的土、動人的地、迷人的海。

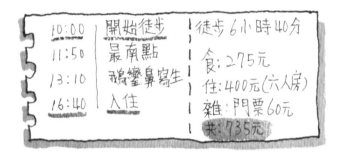

10:00	開始徒步	徒步 6 小時 40 分
11:50	最南點	食：275 元
13:10	鵝鑾鼻寫生	住：400 元（六人房）
16:40	入住	雜：門票 60 元
		共：735 元

　　昨天老闆說他的早餐很豐富，真的沒騙人。擺盤美觀外，配料雖簡單但是營養。住戶陸續起床，散坐在偌大的交誼廳，老闆將空間整理得很舒適，寬敞又適合拍照，當過國境之南旅館的小管家果然有用心，在細節上可以看出充滿美感。

　　出發時認真走一段，快結束時也該認真走一段。雖然十點才出門，但沿途認真欣賞風景參觀景點，因為徒步之旅進入最後一週。

　　今天走台 26 的佳鵝公路，路況跟前兩天一樣美麗，只不過將要離開太平洋前往台灣海峽了。發現各地種植的路樹很不

同，滿州要遮擋強烈的東北季風，沿途大都種植林投樹和恆春三寶之一的瓊麻。恆春在 1901 年引進了瓊麻，用以製造繩索、麻袋等民生用品，落山風吹襲下，產出的瓊麻絲特別堅韌。在三、四〇年代，恆春的瓊麻曾博得「東洋之光」的美名，雖然現已沒落，但也成了恆春的標誌。

風吹砂距鵝鑾鼻約 7 公里，鱷魚到訪時路有一半都被砂覆蓋著，可見落山風多麼強勁。此處夏季的雨水將砂石自陸地沖向海岸形成「砂河」，冬天東北季風又將砂石吹向崖頂形成「砂瀑」，非常珍貴的風蝕和風積自然景觀。民國六十八年開闢了佳鵝公路，也種植防風的木麻黃，導致沙源流動受阻，風吹的奇觀逐漸消失中。

不久來到龍磐公園。此處的風真的太可怕了，真佩服敢站在崖邊拍照的人，鱷魚閃得遠遠的，深怕不小心飛入太平洋的懷抱。龍磐公園是珊瑚礁石灰岩台地，乾枯的紅土搭配寬廣草原，遠方還有湛藍的太平洋風光、居高臨下的開闊視野，遠眺秀麗的海岸線，特殊景致的崩崖，連蘭嶼都可盡收眼底！

以前納悶為何外國人喜歡墾丁、恆春，這幾天徒步走過恆春半島後，覺得最南端的海岸線最漂亮，景色優美、人又和善，適合度假沒錯。

終於走到台灣最南點意象標誌了，距離鵝鑾鼻公園約 1.5 公里，小小的平台都是遊客。拍張照後前往鵝鑾鼻燈塔，那裡陽光普照，坐著很舒服。畫張寫生後，台灣四極點燈塔全都到手。南台灣就是日曬充足，天氣越來越熱，曬到吃不下飯，吃碗冰解暑太享受了。

要離開太平洋了，連續數天沿途欣賞美麗海景，終於要告別。每次的分離，總在心裡告訴自己一定要再回來，雖然不清楚何時，但就是捨不得啊！再見！我的太平洋。

　　走到南灣已經快黃昏，入住的民宿今晚僅有兩位小幫手，住宿空間舒適，門口的無敵海景更黏人，我承認是因為看得到海才住這家，六人房一晚 400 元。

　　南灣晚上除了幾家餐廳就只剩下超商，走到超商吃完便當便開始寫遊記，快九點才回去。小幫手一看到我說：「妳出去那麼久，我們以為妳走到恆春吃晚餐了。」哈哈！徒步的人讓人誤會愛運動，姊是懶人啦！不會為了吃晚餐走 5 公里啦！

◆龍磐公園的秀麗的海岸線。

台灣極南燈塔-鵝鑾鼻燈塔

　　鵝鑾鼻燈塔興建於1881年，塔身為白色鐵造圓塔，背山臨海，並構築成砲壘形式。圍牆有射擊的槍眼，四周並築壕溝，是全國獨一無二的武裝燈塔。民國五十一年改建換上光力最強的旋轉透鏡電燈，成為國內光程最遠的燈塔，享有「東亞之光」的美譽。

Free早餐 港口

高麗菜絲+
蘋果+蛋
玉米+蕃茄
+地瓜

蒜香吐司

青旅08:30開始
供應早餐,這時間
點對徒步者有些
晚,但網上寫阿宏準
備的早餐很豐富,一早先下樓
畫我喜♡的角落,邊畫邊等早餐,好
的事物值得等待,吃一頓美味早餐使
一天都開心。

鵝鑾鼻
冰

紅豆牛
奶冰
90
元

吃完早餐,準備好出門已經快
10點了,自港口走到鵝鑾
鼻已經一點了,沿途的風
吹沙搞得人走得很累,
加上今天氣溫很高,中午
完全沒有食慾,看到
「冰」覺得遇見救星,雖然
是一碗貴森森又不太好吃的雪花冰,但
吃完後降暑,這錢就花得值得了!!

今晚吃好多!!

吉士豬肉堡35元

花椰菜飯85元

Simple Fresh

多力多滋30元

DO??S

中熱美
35
元

HAPPY
NEW

週五
超商晚餐

走到南灣已經
29公里,理想狀況是
走到恆春,但還要再步行
五公里,今日跟風對抗好累,決
定休息南灣,明天再加油!

南灣橄欖樹 Olive's B&B

Day 41
2/5（五）

| 南灣 | ▶ | 恆春 | ▶ | 楓港 |

已走	住宿	共花
29.5 公里	**399 元**	**854 元**

專注於徒步氛圍，煩惱就拋在腦後吧。

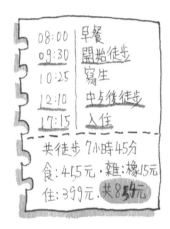

```
08:00    早餐
09:30    開始徒步
10:25    寫生
12:10    中點後徒步
17:15    入住
----------------------
共徒步 7小時45分
食:455元·雜:橡15元
住:399元   共854元
```

　　為了門口的無敵海景，加購 100 元吃份民宿早餐，一人獨享南灣海景的早餐真超值。小幫手坐在門口看書，享受她的海景空間，不枉費來這裡小度假半年。昨晚又整理一些物品，走到昨天晚餐的超商，寄回暫時用不到的物品。現在有便利商店真是方便，可隨時寄送包裹。

　　背包越來越輕，才能應付南台灣熱呼呼的氣溫，實在佩服背著十公斤在大熱天徒步的人，一身汗及快中暑的模樣，光用

想像都覺得害怕。怕熱的鱷魚冬季出走，就是不想走出一身汗。跟北風的故事一樣，天冷穿上外套即可禦寒，天熱是無處可躲啊！

　　走到恆春約 6 公里，看到舊南門城很想畫下，有家茶飲店位置很棒，可坐下畫畫又喝杯飲料，一舉兩得。確認屏東無冬天，因為路上還有人穿短袖，這趟旅程經歷春夏秋冬四季感！出門時三波寒流來襲，最冷時要穿上背心、羽絨外套和風雨衣，自台東開始只要薄外套即可應付夜晚，在金崙就把羽絨衣和雨褲寄回家，因為冬天不冷，冬雨也不大。

　　以前恆春有許多蝴蝶蘭，恆春古名為「瑯嶠(琅璚)」，就是排灣族語的「蘭花」音譯。1874 年恆春半島發生牡丹社事件，

恆春古城
恆春古地名為「瑯嶠」或「琅璚」，清朝後因氣候宜人，
四季如春才改名為「恆春」，目前四座城門都保存完好。

沈葆楨奏請朝廷建築城牆。如今，恆春古城保存得相當完整，四座城門都還在，尋訪各城門正好可以把重要景點一次蒐集，還可登上城門遠眺恆春鎮全景。

畫完圖快要中午了，圓環附近是電影《海角七號》主角阿嘉的家，順便繞過去看看，它現在已變成販售明信片的店家。我停留附近吃碗麵，恆春這座老城還保留多座城門，最後鱷魚走西門離開恆春。

一路上看到很多賣洋蔥的攤位，品種多樣，顏色也很豐富。落山風讓恆春的洋蔥長不高，因此養分被鎖在球莖內，味道更好、甜度也高，成為恆春三寶之一，因為一年收成一次，三到四月是盛產期，鱷魚路過剛好開始收成。

路上遇見一位穿棒球服裝的國中生，因為走路速度和鱷魚一樣，所以不是他走在前方就是我在他前面。他還兩次刻意走到對面車道，結果再折返還是碰到我，覺得他有疑慮，於是鱷魚跟他搭話：「阿姨是徒步環島，沒有跟著你喔！」他是恆春國中棒球隊，爸爸沒空載他所以走路回家，一會他不見了，可能家到了所以快速奔回吧！弟弟別怕啊！我不是奇怪的阿姨！

到楓港前一位機車女士問我：「要搭便車嗎？」這次約坐 1.5 公里。這幾天決定只要有人問，就搭一段便車，感受台灣人的人情味。

到目的地當然去福安宮拜拜，順道吃碗綠豆蒜解暑。沒想到平日人還很多，這家老店假日應該人山人海！路過郵局時再進去一次，這次不是要郵寄物品回家，是一早離開民宿時忘了還鑰匙啊！趕緊寄回去，別讓小幫手為難。

因為道路整修的緣故，三線道封鎖兩線道，汽車只能行駛單線道，而鱷魚走路沒有問題，封閉的兩線道只有我一人走，安全舒適啊！

　　步入楓港後看到不少烤鳥攤位，早年獵捕過境伯勞鳥販售烤鳥，台語叫「焦阿巴」，後來保育運動盛行，現在改成烤人工飼養的鵪鶉。社區於 2009 年將廢棄多時的舊軍營改成伯勞鳥生態展示館，讓民眾了解伯勞鳥生態，鱷魚路過時已經打烊，無緣參觀。

　　五點半入住楓港一間民宿，今日包六人房 399 元！頂樓有洗衣機免費使用，因為這裡曾經是漫畫店，所以免費提供滿書櫃的漫畫。晚上剛好有夜市，規模不大但是攤位都不重複。滿州吃泡麵，南灣吃超商，今天想吃現煮的，趕快梳洗後去夜市，點了一份許久沒吃過的夜市雞排，煎得香氣四溢，真是運動後最好的蛋白質，還買了夜市麵包當早餐。晚上到超商畫日誌，遇到可愛的超商店員和客人之爆笑對話，超想加入他們的談話啊！

◆一人獨佔兩線道。

車城
正記黄家綠豆蒜

民宿沒法坐下畫畫和寫字，隔壁的7-11是做「功課」的好地方，一來坐二個小時，完成今日畫記。

中熱美
35元

創立於1955年的老店，滑順口感配上香甜糖水，料是熱的加上碎冰剛好，生意超好。

張君雅 25
小妹妹 元

玉香海苔

民宿早餐

吐司一個夾蛋+肉鬆
一個夾蛋+鮪魚

豆腐

自費早餐
100元

實在太喜歡門口那一片海，睡前臨時跟一位小管家預定自費早餐，幸好冰箱還有食材，一早能吃到豐富的早餐!!(結果忘了還Key，走到車城郵局幫忙寄回。)

**王家古早味
乾麵** 恆春

空心菜 30元

蔥麵包 20元

肉鬆
20元

100元
雞腿排

麻醬麵
45元

楓港夜市

今天星期五，民宿老板建議ム可以去夜市吃晚餐，

路過看起來不錯，入內點了招牌麵和青菜，個人覺得味道還可以，並沒有很驚喜。

真是好消息，不用再吃超商的便當，逛一圈去吃夜市平價雞排，真是便宜好吃!!

楓港 ▶ 枋寮 ▶ 佳冬

已走	住宿	共花
30 公里	350 元	874 元

輕鬆地走著。除了陽光，還有浪濤相伴。

```
07:15  出發            食：445元
08:00  萊爾富          住：350元
09:50  再出發          行： 79元
10:20  遇見弟一家
12:10  中餐           共 874元
14:30  看出石斑魚
15:25  搭便車（難）     走
17:50  入住           8
19:00  匆火鍋吃飯      小
                      時
```

　　南部天氣有點熱，今早特意早出發。楓港還是台 26 線，過了楓港溪就是台 1 線。這一路的海景也不錯，路過多處休憩地，愛琴海、茉莉灣和海豚灣的海景都很漂亮，都有面對大海的民宿或度假村，也不少咖啡車和餐廳林立，非常適合喝杯咖啡看看海。預感附近的超商一定有海景，走入萊爾富發現真有一長排看海的空位子！這麼風景明媚的位置，不坐下太可惜

早午餐·海南小吃

走到枋山已經中午，
肚子好餓開始找食
物吃，查網路有幾家小吃店，但
遇到週日只剩這家營業。
能坐下好好吃一碗麵非常幸福

湯青菜
50元

吃完中餐來一杯咖啡
更是開心！

牛肉湯河粉(小)60元

夯漫廚房

西西里漁夫海鮮燉飯
250元

紅茶
50元

晚餐和火鍋約吃飯，距離住處250
公尺，因為旅館附設免費洗衣及烘衣，
除了中壢那家也是外，都需30~60間，
當然要好好利用，所以我吃到一半
還回旅館把烘好衣物拿出，讓下一
位也可以享有服務。

這家的餐也很好吃，料多也可口，網路評價也不錯，挺適合跟朋友
一起聚會的地方。

了，於是買杯咖啡坐著休息畫畫。原來店家昨天才開幕，所以
人很少，鱷魚運氣好才能獨享寧靜卻很棒的景色。

　　繼續往前走一會，看到一輛藍色轎車，前座兩位猛然揮
手，納悶，是問我要搭便車嗎？仔細一看，原來是弟弟一家來
探班！弟弟真厲害，賭我走逆向車道，不然要碰到很難。我們
開心地聊天吃水果，珍惜這短暫的時光，我要北上去佳冬，他
們要南下去墾丁。

　　今天是過年前最後一個週末，不是我誇張，往墾丁方向的
車潮沒有斷過，連環島腳踏車都超過五十台，直到我走到佳冬

前都是車。而這一帶也有個可愛的名字「蝙蝠大道」，兩旁有很多賣菱角的路邊攤，因為菱角的樣子似蝙蝠。外國人看到非常驚訝，問說：「台灣人吃蝙蝠嗎？」真是個誤會啊！

努力走一段，終於到加祿火車站，這站販售「加官進祿」厚紙車票，還提供印章蓋，蠻適合買來當紀念品送給朋友。導航要鱷魚走沿海小路，四周都是魚塭。佳冬一帶是石斑養殖的重點區域，正好看到魚塭出魚，每一尾將近兩尺，一個及腰大水

海豚灣
（萊爾富門市）
•2月5日才開幕，店內
座位設計似咖啡
廳，比7-11還觀舒服。

2021.2.6
am9:30

雖然目加津也沒辦法想像減法，喜歡這家超商的戶外風光，但餐停戶外一排藍當然不是很好看，就自動剁刑除，就畫我愛的部份即可。

224

桶只能放入三、四隻大魚，還要用吊車才能吊到貨車上。這景象不常見，和一個四人家庭站著觀看了好一陣子。

　　佳冬另一個的特色是水管超多，因為養殖業需要海水管線，密密麻麻地纏繞一起，超有裝置藝術風情。距離加冬車站約1公里時，一位開車的大姊問：「要搭便車嗎？」鱷魚點點頭說：「好喔！」雖然只有1公里，但是完全感受到台灣人的熱情！

　　今晚入住高雄一家旅館，有附設背包床，六人房一床350元。公共區域打掃地非常乾淨，還提供免費洗烘設備。晚上約朋友火鍋敘舊吃飯，她是因畫畫認識的夥伴，我們認識十四年了。雖然她住高雄，距離台南不遠，但我們平均一年才見面一次，許久不見的我們聊了好久，徒步環島順便訪友真好。

◆魚塭旁的裝置藝術。

◆弟弟一家來探班。

Day 43

2/7 (日)

小港 ▶ 鎮安 ▶ 高雄

已走	住宿	共花
30 公里	612 元	919 元

我的環島，路線我自己決定。

```
07:00  早餐
08:30  捷運到小港站(30)
08:35  開始徒步
10:50  林園中餐
11:40  安樂樓
12:30  雙園大橋
14:00  東港東隆宮
14:20  吃冰
16:20  火車到高雄(68)
17:40  入住

食：189元
住：612元
行：30+68+20＝118
共：919元
```

　　昨晚住高雄，所以今天搭捷運前往小港，打算自小港走回昨天的地點佳冬。此次徒步有兩次都是由預計目的地走回起點，心想路線可以接上即可，何必一定要哪裡停下，哪裡出

發。今日一樣氣溫很高，怕走到佳冬實在太遠，所以暫定到林邊。實際走一遭才知道，原來小港附近是臨海工業區，中鋼、唐榮、中油、台泥和台灣造船廠等，河流飄著可怕的顏色，很多大廠都設在這裡，聯結車進進出出，這段台17線（西部濱海公路）的大車出入頻繁。

導航給走路的人提供小路，好避開大道。剛轉入山邊路沒多久，一條棕色的中型犬便貼著我吠，非常警示的神情。前方一對中年夫妻大聲喊：「小心！這隻會咬人！」鱷魚明顯感覺牠快失控了，這裡很偏僻，只有幾間簡易房宅，狗叫得很兇很兇，鱷魚只好一直跟狗說：「我只是路過，不要咬我啊！」一會狗主人走過來，拉住狗，才結束了這場驚險。

捷徑一定有「詭」，這真的是鐵律。原來這裡是墳區。似迷宮般彎彎曲曲的小路，兩旁是墳墓，還有芒果園。這段路將近 2 公里遠，大白天真的不用怕，墓園都有掃墓人，他們騎著摩托車經過我時，再三回頭，我似登山客的裝扮才是這裡的恐怖畫面吧！鱷魚走這段也不怕，想走近路只要膽大即可，因為人比鬼更可怕，鬼只嚇人不會害人啊！

到林園快中午，找到一家有名的蘭姊鴨肉飯，真的便宜好吃，一會就客滿了。發現附近有個知名景點「安樂樓」，約建於 1930 年，是日據時期的豪華大酒家，1933 年曾被徵作日軍俱樂部，光復後轉型為旅館和那卡西，政商名流和文人雅士會到此聚會，最終沒落歇業。《一把青》曾來此拍攝取景，有段時間許多劇迷過來朝聖，風華過往消逝，又回到廢墟容顏。

告別安樂樓繼續趕路到東港。2,360 公尺的雙園大橋走了半小時才通過，不久抵達東港東隆宮，名為「東隆」是期許「東港興隆」。廟建於康熙四十五年（西元 1706 年），主祀溫府千歲，特有的王爺信仰而有三年一科的「迎王」燒王船儀式，全名為「東港迎王平安祭典」，2010 年被列為國家重要民俗，每三年舉行一次的宗教盛事與觀光慶典。

東隆宮香火非常鼎盛，最吸引我的是「祭改」，分為「大改」、「小改」、「掌嘴」與「改車」等改運方式，由頭戴竹編高帽的振武堂班頭效勞。振武堂的班頭是世襲，年紀都稍長些，衣服上有振武堂字樣，另有一些祭改人員雖不是鎮武堂，但都是真心為信眾服務。期間看到不少人開車前往，一台又一台，原來「改車」是熱門的改運項目，鱷魚體驗了「小改」，班頭詢問姓

名後，用令旗前後揮動十八下，祈求我身心健康和平安順遂。

拜拜後吃碗冰才離開。原本計畫到林邊，但得走到鎮安火車站才可能趕上四點的區間車，急行軍後順利搭上火車回高雄。入住後梳洗完，又出門吃飯，今天約高雄畫畫班學生聊天，因為是假日，有八人一起來聚會，大夥聊天到十點才分手。

今晚住一家商旅，雙人房一晚 612 元，雖是老旅館改建，但整理得乾淨，睡得好隔天才能好好走路。

豆漿
飯店早餐 早

入住時櫃檯問要加69元吃早餐嗎？我是第一個入內的客人，只能說菜色太豐富了，現炒青菜有4～5樣，飲品選擇也多，西中式都有，最重要的是非常乾淨，有大飯店的助感，這家旅店真值得來住。

小盤鴨肉 35元

鴨肝湯25元

經過林園時臨時找到的店，生意非常好的美味鴨肉專賣店。

蘭姐鴨肉飯 中餐

招牌飯10元

厚厚的冰
古早味綜合冰 50元

今天太熱，一定要吃碗冰消暑，料還OK，不过還境乾淨很不錯

半九十茶屋 晚餐

半飽最能知賞味，九分猶可道鄉情，十分來客建豐碑

一家古風餐廳，可泡菜用多的城市隱密店，和高雄同學約這家聚會!!

文煎智利鮭魚. 390元 →

229

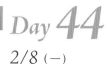
Day 44

2/8 (一)

高雄 ▶ 左營 ▶ 岡山

已走	住宿	共花
19 公里	350 元	769 元

環島的價值：無價。

```
06:30   起床         食：372元
07:10   吃早餐       住：350元
07:50   超商寄件     行：47元
08:10   正式徒步     (南岡山→美麗島)
11:50   全家休息
14:05   入住         共：769元
共徒步 4 小時
```

　　連住高雄三晚，都住不同住處，因為郵寄不少物品回家，背包已經很輕了，不用擔心天天搬家的麻煩。在恆春時海很藍，天空很清亮，但越接近高雄天空越灰濛濛的，偶爾鼻子有點癢癢的，查看網路才知道高雄和台南近期空汙超級嚴重，今早是橘色 158 ～ 164 間，PM2.5 高達 84。這狀況是建議不要戶外活動，但是快到家了，鱷魚決定出門後看情況。

空污太嚴重,高雄走到南岡山站,姐要撤了!

　　自美麗島站出發,高雄沿途白霧霧的,彷彿有濃霧蔓延城市。幾棟高樓建築隱沒霧裡,但不是浪漫的霧氣,是懸浮微粒散布在空氣中,長期在這樣的環境中是吸毒啊!會死的那種。無奈台南和高雄這些年的冬季都是這樣,幾乎沒有藍天,且有越來越嚴重的跡象。

　　高雄是大城市,但對徒步環島來說,不是很好走,因為紅綠燈特多,秒數都逼近九十秒,走一下子就要停下等紅燈,突然想念在鄉間走小路的開心。導航建議走左營比較省時間,前兩年也曾帶學生到左營舊城散步,對那一區美食有小研究。先去吃個王家燒餅,轉入隔壁巷內是個小公園,附近居民種植快樂農場,照顧得很好,綠意盎然,入口處還擺了一排聖誕紅應景,有這麼美的社區公園真是幸福。繼續沿著軍校路走,左營

荷包蛋10元

温豆漿 12元

珍德滿 高雄

蘿蔔絲餅 20元

韭菜盒 20元

喜歡吃完早餐再開始徒步，如果住宿點沒有附早餐，就以前一晚就現找住所附近是否有不錯的早點。這間沒有店面在彩巻行門口販賣，一家四口很有默契的忙著，以「手工現做卷村美食」為主打，價格親民味道佳，吃好撐62元，讚!

燻雞弗卡夏拼盤 90元

曼巴 80元

綠波咖啡館 高雄

睡了一小時午覺，五點出門覓食，找到這家咖啡店，點餐後老闆娘說妳先別order這麼多，吃不夠再加點，這樣的老闆也太佛心了，餐食便宜又多，售價超驚人之低，能吃飽又健康。

總匯燒餅 35元

海清王家燒餅 左營

跟一般夾油條的傳統燒餅不同，內餡是黑輪、荷包蛋、榨菜、小黃瓜、酸菜和豆干，口感多樣又吃得很飽，左營美食!

南部冬季深受空污的影響，昨天台南PM2.5竟然破百，真是太可怕了。今天出門看到高雄幾棟高樓最上端消失在霧裏，別浪漫以為霧，那可是霾，空氣中的懸浮灰塵顆粒，對呼吸道有害啊!

冰鎮 my milk

全家歇腳喝一罐

冰鎮葡萄鮮冰茶

大熱美50元

高雄 宵夜

黑糖奇米星 35元

吃完晚餐去超商買杯咖啡和餅干，準備寫畫今日「彩色日記」的點心。早知道別買大熱美，喝不完。

是海軍大本營，許多海軍單位出現在街道兩側。

甲圍國小門口有向日葵花圍，開得實在太茂盛，鱷魚拿出相機拍照，警衛走近，告訴我哪個角度拍起來好看，原來愛拈花惹草的他，幫學校種植花草布置。總人數僅有百來位的小學校，有一位美化校園的工作人員，讓人一走入學校就能看見開得美麗的花，想必心情是很愉悅的。

其中一段路走在農田小路上，剛播種所以秧苗不大，看見幾位農夫在「巡田水」，到田裡看田水灌排是否正常。一位大哥定格看很久，鱷魚好奇問：「請問您在看什麼？」大哥說他在看田中的水，必須讓田裡的水均勻，稻子才可以順利長大，他指著田邊角一處乾乾的土說：「那塊就會長得不好。水導不到那裡，也只能這樣。」每個行業都有其專業，一路上常跟陌生人聊天，知道一些人的生命故事，也增添一些生活常識。

一路上老覺得鼻子和眼睛怪怪的，也許是對空汙的心理效應，決定走到南崗山站搭捷運回高雄。

◆美麗島站的「光之穹頂」，由義大利藝術家水仙大師（Narcissus Quagliata）親手打造。

今晚的青旅位於美麗島站旁，位居六樓所以交誼廳空間非常好，350 元住六人房。因為住戶少，小幫手讓每位旅人幾乎一人一間房，所有房客都賴在交誼廳，喝著飲料看戶外景色，欣賞早晚不同的景致，空汙還是躲室內賞城市的五光十色吧！

徒步環島的最後一天看著美麗的夜景，等待黎明升起時。明天將是我的最後一日。

今天空污是大紅，PM2.5 超高，還是躲室內看美景安全.

旅驛居青年旅社

2021.2.8.
PM8:00

Day 45

2/9 (二)

| 路竹 ▶ | 仁德 ▶ | 台南 |

已走	住宿	共花
21 公里	**0 元**	**115 元**

一趟徒步大旅行，足以餘生回味。

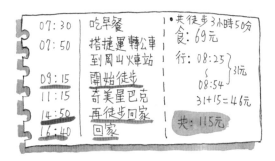

早上吃兩份蛋沙拉吐司，吃完早餐補充能量才有體力上路。美麗島站搭捷運轉火車到路竹車站，今天是徒步最後一日，沒想到是「趕路日」。因為九點多才到路竹火車站，我約大家在奇美博物館新開的星巴克聚會，怕遲到所以中途完全沒有休息，以兩小時走 11 公里速度抵達聚會地，時速飆到 5.5 公里，鱷魚在路上一定像軍人行軍的模樣。櫻桃媽和幾位學生陸續抵達，大家喝著咖啡吃著輕食，聊聊最近的心情，感謝大家來迎接鱷魚啊！

離開奇美後再步行 10 公里就到家，好漫長的旅程啊！一個人上路，沒有做太多功課反而沒包袱，天天都是全新的體驗，讓人好期待每天的清晨，不知道有什麼風景等我去探索。

　　1,000 公里的距離，四十五天的長征終於結束，問鱷魚辛苦嗎？當然辛苦！但沿途的人事物太精采了。會遇到什麼人，看到什麼美景，吃到什麼東西，住到什麼地方，每天的每天都讓人充滿期待。

　　走台灣一圈是非常值得的旅程，未來如果時間再多些，我會再出發，徒步台灣第二回！

◆再 10 公里就回家了！

薯魚泥吐司夾心 高雄早餐

• 蛋是還有泥(花生) 69元 套餐(搭金萱冷泡)

薯泥蛋沙拉料很多,
厚厚的讓人心情大
好,冷泡茶品質也優,
價格實惠的都會氣質
早餐,唯兩位年輕的老板
空档時間抽煙,煙味飄入店內
實在不太好!! 心

台南中★ 星巴克

抹茶奶霜
星冰樂
140元

烤
雞
生
吐
司
三
明
治
90
元

♥感謝
來喝
咖啡

櫻桃媽
少崑
瑞枚
東憲
郁珈
沁融

感謝阿母請客!!!

後言

　　四十五天的旅程，不長也不短，踏出第一步需要一點衝動與追夢的勇氣。

　　有些人受到書或電影的感動；有些人正巧在人生 Y 字路口徘徊；有些人遇到職崖空檔期；有些人單純想挑戰走台灣一圈……出發的原因百百種，每位徒友都有自己的理由，想了解台灣外，也準備好和「我們的島」對話，書寫屬於自己的環島心情！

　　獨自一個人的行走，多了「觀察」四周的變化，多了「接觸」不一樣的人群。步行的節奏，時而緊湊時而悠哉，少了與旅伴的對談機會，靜心反而留心周遭環境。穿越繁華城市與鄉鎮田野，從燈火通明到人煙罕至，一路上看到的，跟自己的想像很不一樣，同一座島嶼有著不同的生活方式，不變的是人們有著樸實與美麗的心。出發後，我更確定台灣最美的風景是「人」，人與人之間撞擊的火花，豐富台灣這座寶島。

　　超過 1,000 公里長征很遙遠，每天縮短挑戰自己的距離，也拉近跟心靈對話的距離，不祈求自己是否有成長、觀看的角度是否有變寬，但鱷魚清楚，自己獨自一人完成一個小小的夢想，不大，但是值得稱讚自己的勇敢，鼓舞別人也尋夢。

　　這趟環島旅程，累積的回憶是層層疊疊的色彩，豐富的不只是短暫的人生，也有心靈上的慰藉。能在這麼美的島嶼上行走，充滿著感謝，謝謝「我們的島」，台灣這塊土地一直都張開雙臂，迎接想與他致敬的島民。

　　上路吧！島國子民！去看看「我們的島」！

國家圖書館出版品預行編目 (CIP) 資料

我在環島的路上：邊走！邊玩！邊吃！邊畫！/ 陳貴芳（鱷魚）圖 . 文 . -- 初版 . -- 臺北市：
馬可孛羅文化出版：英屬蓋曼群島商家庭傳媒股份有限公司城邦分公司發行 , 2022.11
  面； 公分 . -- (旅人之星；69)
ISBN 978-626-7156-36-0(平裝)

1.CST: 臺灣遊記 2.CST: 徒步旅行

733.69   111016591

旅人之星 69 │ MS1069 │

我在環島的路上：邊走！邊玩！邊吃！邊畫！

作者	陳貴芳（鱷魚）
封面、內頁排版	王舒玗
總編輯	郭寶秀
編輯	江品萱
行銷業務	羅紫薰

發行人	涂玉雲
	出版馬可孛羅文化
	10483 台北市中山區民生東路二段 141 號 5 樓
電話	(886)2-25007696

發行	英屬蓋曼群島商家庭傳媒股份有限公司城邦分公司
	10483 台北市中山區民生東路二段 141 號 11 樓
客服服務專線	(886)2-25007718；25007719
24 小時傳真專線	(886)2-25001990；25001991
服務時間	週一至週五 9:00 ～ 12:00；13:00 ～ 17:00
劃撥帳號	19863813
戶名	書虫股份有限公司
讀者服務信箱	service@readingclub.com.tw

香港發行所	城邦（香港）出版集團有限公司
	香港灣仔駱克道 193 號東超商業中心 1 樓
電話	(852)25086231
傳真	(852)25789337
E-mail	hkcite@biznetvigator.com

馬新發行所	城邦（馬新）出版集團【Cite(M)Sdn.Bhd.(458372U)】
	41,JalanRadinAnum,BandarBaruSeriPetaling,
	57000KualaLumpur,Malaysia
電話	(603)90563833
傳真	(603)90576622
Email	services@cite.my

輸出印刷	前進彩藝股份有限公司
ISBN	978-626-7156-36-0
EISBN	978-626-7156-37-7(EPUB)

初版一刷	2022 年 11 月
實體書定價	400 元
電子書定價	280 元